自分を守るために ちょっとだけ言い返せる ようになる本

声とココロの取扱説明書

ぱる出版

はじめに

Prologue

言われっぱなしで言い返せない人が、自分の心を守るため、ちょっとだけ言い返せるようになるために必要な3つのこと

「やられたらやり返す！　倍返しだ！」ドラマ『半沢直樹』のセリフです。

これが実践できている方は、どれくらいいるでしょうか？


理不尽な心ない言葉、悪口やしつこい叱責、嫌味な言葉……

昨今では、これらはパワハラやモラハラとして問題視され、企業でも防止するための研修がおこなわれています。しかし、それはあくまで建前。


日々、パワハラ・モラハラグレーゾーンの言葉を投げかけられていませんか？

はらわたが煮えくり返るのをグッと堪えたり、情けなくて涙がこぼれそうになるのを必死で耐えたりしている方も多いのではないでしょうか。

申し遅れました。私はボイスメンタルトレーナーの司拓也と申します。

パワハラ・モラハラが絶えない職場や人間関係に身を置いていた経験と、心理学を学んで得た知見から、攻撃してくる相手への対処法を独自に開発。現在は、カウンセリングやワークショップ、講演活動などをおこない、これまで5000人以上の方のコミュニケーションの悩みを解消するお手伝いをしてきました。

その中で培ってきた様々なノウハウを用い、本書では、相手を言い負かすのではなく、あくまで自分の心を守るため、ちょっとだけ言い返せるようになる方法をお伝えします。

本書の基本戦略は次の3つです。

- 無力化力……相手の攻撃をかわす、弱化する
- カウンター力……相手の攻撃を切り返す、言い返す
- クッション力……そもそも相手の攻撃に傷つかなくなる

「無力化力」では、攻撃を受けた時に、自分の心の傷をできるだけ小さくする、あるいはゼロにするため、準備しておく内容をお伝えします。

相手の攻撃をかわす、弱化させるには「体《たい》構え」「言《こと》構え」が必要です。本書では15個の無力化戦略を提唱しています。

「カウンター力」では、攻撃された時に、どのような言葉で応戦するかを具体的に指南していきます。本書では、それぞれの場面ごとに、20の方法をお伝えします。

しかし、繰り返しますが、ここでは相手を完膚なきまでにやっつけ、ギャフンと言わせることは、そもそも目的としていません。相手の攻撃性を中和し、賢くスマートに言い返すことを目指します。

「クッション力」では、攻撃を受けたとしても、そもそも攻撃を攻撃と思わず、傷つかなくなるメンタルクッション力を身につける方法をお伝えします。

そのためには、あなた自身がなぜ傷つくメンタルをもってしまったのか？すでにできてしまった心の傷を癒すにはどうしたらいいか？実際にワークを通して解きほぐしていきます。

加えて、言い返す場面においては、その言葉だけでなく、声や表情なども重要な要素となります。「ポーカーボイス」とは、相手に不安や恐怖を悟られない声の出し方のこと。ゲームのポーカーでよく使われる「ポーカーフェイス」にちなんで名付けました。

本書では、「ポーカーボイス」習得のための5つのステップについても、順を追って説明していきます。

本書でお伝えするのはいずれも、あなたが今もち合わせているメンタルの弱さはそのままで、得たい未来を実現する、超実践型の解決メソッドです。「伝え方」「マインドセット」「声」をさくっと変えるだけで効果を感じられます。また、試していただいたその日から効果を実感することができます。

本書の内容が、あなた自身が変わるきっかけになれば嬉しく思います。

司　拓也

Contents

1st Round

無《む》力《りょく》化《か》力《りょく》

2nd Round

カウンター力《りょく》

3rd Round

ポーカーボイス

4th Round

クッション力《りょく》

エディトリアルデザイン・イラスト…横井いづみ
編集…岩川　実加

1 st Round

無《む》力《りょく》化《か》力《りょく》

攻撃を受けた時に

あらかじめ自分を守る準備をしよう

無力化力《むりょくかりょく》とは何か

私のところに相談に来られる方のほとんどが、攻撃を受けた時、自分を守る準備をしていないか、準備をしたくても準備の仕方がわからない。このどちらかです。

攻撃をかわすこともなく、受け身をすることもなく、言われっぱなしで、やられっぱなし。

それでは身も心ももちません。

攻撃を受けても、自分の心の傷をできるだけ小さくする、あるいはゼロにするためには、準備をしておくことが必要だということです。

ここで言う準備とは、大きく分けて2つです。

- **相手の攻撃をかわす、弱化する「体構え」「言構え」**

1「体構え」（たいがまえ）

「体構え」とは、相手の攻撃の威力を最小限にするための体の使い方のスキルです。

相手の攻撃そのものを止めることはできなくても、攻撃力を弱めることで、ダメージを小さくするのが目的です。

少なくとも心に大きな傷を受けることは避けられます。

2「言構え」（ことがまえ）

「言構え」とは相手から攻撃を受けた際に、あらかじめ言い返す言葉を用意しておいて、その攻撃を緩和する言葉を伝え返すスキルです。

最初の攻撃を受けて、オドオドして何も言えないと、さらに二次攻撃を受け、ネチネチと攻められます。

あらかじめ準備しておいた言葉を使えると、二次攻撃を食い止めることができます。

それでは、「体構え」「言構え」の考え方を取り入れた無力化戦略を、具体的に見ていきましょう。

体構え

1 「ジェスチャー・ファースト」練習不要即効性あり

無力化戦略で最初におすすめなのは、いきなり言葉で言い返そうとせず、ジェスチャーから始めようという作戦です。

名付けて「**ジェスチャー・ファースト**」。

手軽に使えて効果が高い戦略です。

相手をイラつかせ、相手が攻撃してくる原因は、実はあなたの「無反応」や「薄いリアクション」です。

その「**怒りの導火線**」**に何が紐づいているかというと、**「**悲しみ**」**とか**「**寂しさ**」です。

それがあなたの無反応に反応して、怒りや攻撃という自己表現として表れているのです。

想像してみてあげましょう。彼らの幼少時代。

彼らは、無視されたり、ひとりぼっちで放置されたりしています。

「なんで僕を、私をかまってくれないの?! 無視しないで! もっと相手して! 愛して!」

そういった感情を、汲み取ってもらえなかったことに対しての怒りなのです。

とはいっても、こちら側はそんなこと知ったことではありません。

一方的に攻撃をしてくる相手に対して、どう反応していいかわからず、押し黙って無反応になってしまう。相手はそれを見てイラッとして攻撃してくる。

その図式を塗り替えましょう。

・可哀想な人たちに対して「仕方ないから反応してあげる」と決める

私たちは彼らの悲しみや寂しさを癒すための存在になってあげる、**「反応してあげるキャラ」になると決める**のです。

ただし、いきなり言葉で反応するのは難しいですよね。

最初はジェスチャーだけで結構です。

例えば、何かしら仕事でミスしてしまったシチュエーション。

仕事をしている限り、何かしらミスはするものですが、そのミスにネチネチといつまでも嫌味を言ってくる相手を想像してみてください。

その際に、身振り手振りで反応してあげてください。

繰り返しますが「反応してあげる」つもりでおこなってください。

「なんでこんなケアレスミスをするの？　何度目？」と言われた場合。

押し黙って蚊の鳴くような声でボソボソと「すみません」というのはNGです。

頭を抱え込んで「すみません！　次は気をつけます」

顔を覆う仕草で「すみません！　気をつけます！」

首を振って「やってしまいました！　こんなはずでは！」

握りこぶしを握りながら肩を震わせて「すみません！」

目的はあくまで相手の怒りを無力化することなので、演技で構いません。

そんなことで効くの？と思うかもしれませんが、効きます。

相手がほしいのは、ボソボソとした声での謝罪の言葉ではなく、怒りの底に眠っている無反応に対する「悲しい」「寂しい」感情を満たしてもらうことだけなのです。

反応してあげるだけで相手は満足して、攻撃しなくなります。

顔を覆う
すみません〜
泣くまねをする
ぐやじいです！
握りこぶしを握る
すみません!!
頭を抱える
すみません!!
首を振る
やってしまった〜！
ジェスチャー・ファースト
相手に反応してあげて
満足させよう。

体構え

2 「まばたきコントロール」ビビりダダ漏れ防止法

攻撃を仕掛けてきた相手に心の動揺を見透かされると、攻撃はさらに続きます。

まずは心の動揺を悟られないことが大切です。


自分のまばたきの回数を数えたことはありますか？

1分間にどれくらいまばたきしているか、一度数えてみましょう。

まばたきの回数によって、自分の心の動揺の程度を知ることができます。

裏返すと、**まばたきの回数を意識的にコントロールすれば、相手に心の動揺を隠すことができます。**


仁愛大学人間学部心理学科の大森教授は、「まばたき」について以下の通り解説されていて、参考になります。

・人は平均で1分間に20回程度のまばたきをする（個人差あり）。
・緊張や興奮で無意識にまばたきの回数は多くなる。

またこんな報告もあります。

アメリカの心理学者テッセ博士の研究によると、過去の大統領選挙の討論を分析した結果、負けた候補者は平均1分間に150回弱のまばたきだったのに対し、勝利した候補者は平均99回のまばたきだった。

公開討論という大変緊迫した場面のため、まばたきの回数はより多くなった中での数字です。

まばたきの回数の多さが、有権者から見て自信のなさや不信感につながり、それが結果として表れたのではないかと分析されていました。

まばたきの回数が増えることは、緊張したり焦っていたり興奮状態になっていたりすることが、外に漏れているということになるのです。

少し話がそれますが、就職や転職、社内の昇進面接を受ける際には、まばたきの回数を意識し、自信ありげに振る舞うようにしましょう。

私はレッスンで面接の指導をすることがあります。

面接で好印象を与えるため、相手の目をみて話すことを心がけている方は多いですが、まばたきをコントロールすることを意識している方は皆無です。

自分でコントロールできる視線とちがって、まばたきは無意識に出てしまうものなので、本当の気持ちが表れやすいのです。

・1分間に12回程度にまばたきをコントロール

自信ありげに見せたければ、1分間に12回程度にまばたきをコントロールしてみましょう。

また、時にはまばたきをせずに伝えることを試してみましょう。

無茶な仕事を振られた時に、「できません」「時間がありません」「他の方にお願いできませんか」とまばたきをせずに伝えてみましょう。

もしそれらの強い言葉が難しければ、同じくまばたきをせずに、「少し考えさせてください」「できるかどうか一度検討させてください」と伝えてみましょう。

なんでも請け負う姿勢をやめてみるのです。

まばたきを繰り返してドギマギ感満載の受け答えをしてきたあなたに比べ、内面の弱さを相手に見せることがなくなり、以前よりもすこし強くなったあなたを演出できるようになります。

ここでのポイントは完璧に勝つことではありません。

「私は少なくとも無条件にあなたに屈服して負けてしまう存在ではない」とアピールすることが狙いです。

まずは小さく勝つことから始めましょう。

体構え

3

「鎖骨10㎝アップ」

鎖骨を10㎝上げるだけで攻撃されなくなる

あなたは普段猫背気味で生活していませんか？　その姿勢が攻撃される原因になっているかもしれません。

身体と心は繋がっています。それが証明できる簡単な実験があります。

無表情でうつむき加減にし、肩を落としてうなだれながら、とびっきり楽しいことを思い浮かべてポジティブな気持ちになってみてください。結構難しいはずです。

逆に、姿勢を正して背筋を伸ばし、顔をあげてにっこりと笑いながら、嫌なことを考えてみてください。嫌な気持ちを維持し続けるのは難しいのではないでしょうか？

姿勢によって心はポジティブにもネガティブにもなります。

攻撃してくる相手は常にネガティブな心をもっている相手を探しています。

彼らはあなたの姿勢を見て、ネガティブな気持ちをもっていると目ざとく察知して、弱ったあなたを攻撃してきます。

・攻撃されたくないなら鎖骨を10cm上に上げればいい

攻撃されやすい人の姿勢にはある特徴があります。

それは鎖骨です。肋骨が下に落ちて重心がかかと側に乗り、両肩が内側に巻き込まれたような姿勢、いわゆる猫背の状態になっています。

これまで何千人もレッスンをしてきて、猫背傾向の人にはある特徴があることがわかりました。それは心根がとても優しい人が多いということです。

しかしこれは、対外的には頼りない、自信なさげな人に映ってしまいます。

他人に気遣いができる優しい心根をもっていても、**姿勢1つでマイナスの評価をされたり、攻撃されたりするのは、とてももったいない**ことです。

悪い姿勢をとることで、相手から見えるあなたの姿は丸腰の子羊状態です。

世の中いい人ばかりではありません。悪意をもってあなたに接してくる人もいます。いじめやパワハラをする側が100%悪いのはもちろんですが、そういった人たちを引き寄せてしまう姿勢は、あなたに何の得もありません。

この姿勢をとり続けていると「どうせ無理」「私なんか価値がない」といった気持ちを抱え込むことになってしまいます。相手に何かを言い返すような気持ちにもなれません。

心をすぐに変えることは難しいです。しかし姿勢は、今この瞬間から変えることができます。**私には確固たる強い意志があると、姿勢でアピールすることができる**のです。

姿勢を良くしようとする時にやりがちなのは、背筋を伸ばそうとすること。普段猫背の人がいきなり背筋を伸ばそうとすると、体が弓なりに後ろに反ってしまいます。重心がかかとにかかり、そのままだと後ろに倒れるので、前にバランスを取ろうとして猫背が復活してしまうのです。

そこで、**鎖骨を引き上げるというイメージをもちましょう。**

鎖骨を軸に姿勢を作る方法の良いところは、背骨を後ろに反らさないことによって腰や背中の緊張を緩めたまま、良い姿勢をキープすることができることです。

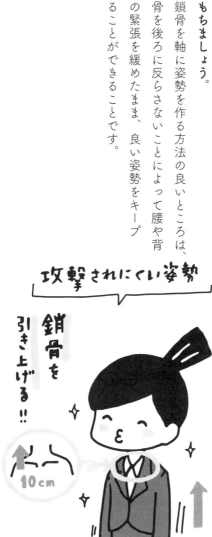

言構え

4 「何でも相談室」

戦略的に媚びたものが勝つ

私は、人に媚びを売るくらいなら嫌われてもいいやと思ってしまうタイプです。

私と同じタイプの方は、今からご紹介する作戦が好きになれないかもしれません。

ただ、相手から可愛い奴と思われ、さらに適切な助言をもらえたり人を紹介してもらえたりするような「お得な戦略」としてなら、割り切って使ってみてもいいよ、と思う方は、試してみてください。


人はよほど偏屈なひねくれ者でない限りは、人から役に立っていると思われたい、認められたい、上に立ちたい、尊敬の念をもって接してもらいたいと思っています。

それは攻撃してくる相手も同じです。むしろ**彼らはコンプレックスが強くプライドが高い分、人よりもその念を強くもっています。**

そんな彼らから目をつけられず、強い攻撃を受けなくなる方法があります。彼らの欲求を満たすような行動をとってあげるのです。といっても、機嫌を取ったり、お世辞を言ったりする必要は全くありません。

プライドが高くひねくれ者の相手には、媚びを売ろうとしてもバレてしまいます。そこで使えるアイデアが「何でも相談室作戦」。

相談する・されるという関係性は、相談される側が上、相談する側が下になります。相談される側は自身が上の立場に立つことができ、お世辞を言われるより気分がいいのです。

ポイントは1つだけ。

困ったことやトラブルが起こった時だけ相談にいくのではなく、**些細な出来事や全然困っていないようなことでも、「困った困った」と焦った顔をしながら相談をもちかける**のです。

そんなあなたを見て彼らは「自分が頼りになるから聞いてきた」と思います。自分が尊敬され、できる人間だからこそ聞いてくるのだと解釈をするのです。

それが彼らのプライドや承認欲求を満たしてあげることになります。

「お忙しいところ申し訳ないです！　ヘルプです！」

「誰にも頼れなくて！　●●さん。助けてください！」

こんなふうに言ってこられて、中には「自分で考えろ」と言う人もいるでしょう。

そんな時は「はい！　すみません！　考えます！」と一旦引き下がって結構です。


狙いは難題を解決することではありません。

相談したという事実を積み重ねて、相手のプライドと承認欲求を満たしていい気分にさせ、敵対視されることや、いじめの対象から除外されることです。


いい気分にさせてくれる相手に対しては、彼らはもっといい気分にしてほしいという気持ちが働くので、攻撃が止んだり、緩くなったりするでしょう。

だから「本当に困っていることでなくてもいいので相談」とお伝えしたのです。

彼らからすると、下のものから相談されて親切に対応している姿を周りにアピールできます。「人に親切にできる人間だ」と世間にアピールできるきっかけをあなたが作ってあげるのです。

相手からのアドバイスなんか全く役に立たなくても構わないし、自分で考えろと言われても構わないのです。恐れずチャレンジしてみましょう。

その上でアドバイスをもらったら、全く役に立たないアドバイスであっても、他の人にも聞こえるような大きな声と満面の笑顔で、「ありがとうございます！」と伝えましょう。

そうすることで、**相手はもはや「いい人」を演じ続けなければいけなくなります。あなたへの攻撃どころではなくなる**のです。

ここまで読んでいただいた方には、これが卑屈な心から仕方なくやる「媚び」ではなく、「戦略的媚び」だとご理解いただけたと思います。

体構え

5 「クリップボードメモシールド」

身を守るアイテムを携えよう

上司への報告や相談、連絡のたびに何か小言を言われたり、嫌味を言われたりして、焦って言葉が出なくなる。そんな経験はないですか？

そんな時におすすめのアイテムがあります。

それは「クリップボード」と「紙」と「ペン」です。

・攻撃的波動をシャットアウトする物理的「盾」としての役割

上司とあなたとの間にあるクリップボードは、怖い相手からあなたを守るメンタルバリアー＝心理的盾になります。

相手からの厳しい言葉に対しても、クリップボードを手にもって話を聞きましょう。同時に相手の言葉をメモする動作をとりましょう。

その際に厳しい言葉がこちらに向かってきても、**「耳」で聞こうとしないでください。目の前のクリップボードで、その言葉を受け止め、跳ね返すイメージ**をもってください。気持ちが和らぐはずです。

私も以前は嫌味な上司からの小言を聞く際、しっかり耳に意識を集中させて聞こうとしていました。しかしそもそも嫌味な言葉は、しっかり聞こうとすればするほど、心が折れてしまいます。

クリップボードで跳ね除けるイメージをもつことで、理不尽なストレスはかなり緩和されました。

・あなたの評価・やる気や本気を見せる盾としての役割

クリップボードの大きさはB5かA4サイズがいいでしょう。

そこに白紙をはさんで、ペンをもち、報告や相談にいきます。

うまく状況が説明できない時は、紙に状況と改善点をメモ書きしておきます。

そして上司からのフィードバックやアドバイスはすべてメモを取るようにしましょう。

手ぶらで報告に行き、ただ上司からの言葉をうなずいて聞いているだけよりも、**積極的に「きちんと言われたことをメモしている」という態度を見せることで、相手の攻撃は弱化します。**

もしそれがミスの連絡や相談だとしても「二度とミスをしないぞ！」という気概を上司は受け取ってくれます。

最後にフィードバックされたことをメモにまとめ、その内容に間違いがないかを確認すると良いでしょう。


私自身も会社員時代、厳しい上司に報告や連絡や相談をする際には、いつも活用していました。

一度仕事でミスをした際に、いつも嫌味なことを言う上司に、「ミスはよくないが、司くんはミスした時も逃げずに、一生懸命にメモをとり、二度と同じミスをしないようにしようという空気を醸し出している」と言われました。

以前、生徒さんから小さなメモ帳でも良いですか？と質問を受けました。常時クリップボードをもち歩くのが難しい場合は、ポケットにメモ帳を忍ばせて、何か攻撃をされそうだと感じたらメモ帳を準備するのでもOKです。

また、**メモをとる動作をするだけでも、相手はきつい言葉を証拠として残されるのでは？という気持ちになり、パワハラやモラハラの抑止力にもなります。**

体構え

言構え

6 「目力挨拶」

敵と思われなければ攻撃もされない

テレビドラマなどで、嫌味を言うキャラクターに「あの子、挨拶もろくにできないのよ！」といった陰口を叩かれているシーンを目にします。

相手から敵とみなされて、あとからそれを修正するのはとてもめんどくさいです。

そもそも挨拶のもつ意味を考えたことはありますか？ 単なる儀礼と軽んじていると痛い目にあいます。**挨拶とは相手の「存在と承認欲求」を認める行為**です。

挨拶しないと相手はイラッとします。ではなぜイラッとするのでしょうか。

それは、自分の存在を認めてもらえないことに悲しさを感じるからです。その悲しみを認めたくないために、怒りの感情に置き換えて、きつい言葉や態度で表現するのです。

「敵ではない」ということのアピール目的として、挨拶は必要になってくるのです。

・どうせするなら最上の挨拶を目指す

少し話はそれましたが、敵を作らない、仲間が増える挨拶についてお伝えします。

・敵を作らない挨拶のポイント

挨拶は、相手と出会って1秒以内に、大きくはっきりとした声で伝えましょう。

相手に自分のお臍の下にある丹田を向けて、相手の目を見て目力強く伝えましょう。

こんにちは!!
よろしくおねがいします!!
ここが丹田《たんでん》!

目力を意識するとは、相手の左目の黒目の中の光をしっかりと見て、目を大きく見開いて、まばたきせずに伝えることです。（P47「レフトアイ」参照）

・敵を作らない挨拶の応用編

応用編として、挨拶が言えたら＋一言付け加えて言葉を送りましょう。

「おはようございます。今日も暑いですね」

「おはようございます。昨日はお疲れ様でした」

「お疲れ様です。気をつけて！」

このように、簡単な一言で結構です。

攻撃してくる相手の中にもコミュ障で挨拶が苦手な人がたくさんいます。そういった人たちに教育をしてあげるつもりでやってみましょう。

相手が変わるのを待っていても、現状は変わりません。**まずは自分が変わる勇気をもちましょう。**

余談ですが、私は企業研修で会社に伺うことがあります。

挨拶の行き届いている会社の雰囲気と、そうでない会社の雰囲気は、全く違います。

研修の際の参加者の目の色が全く違うのです。

挨拶の行き届いた会社の社員さんは、皆さん生き生きと積極的に研修に取り組まれます。

一方、挨拶の行き届いていない会社の社員さんは、やらされ感満載の姿勢で研修に臨まれることが多いです。


お互いを仲間として認め合い、尊重し合う風土ができ上がっているからこそ、それが挨拶にも表れ、積極的に研修を受ける姿勢にも表れているのです。

当然、その会社の風土の良さは業績にも反映されることでしょう。

言構え

7 3E「3つの『え』を使い分ける」

ひらがな1字で相手を動かす

あなたは、攻撃してくる相手から、何かを頼まれたり何か嫌なことを言われたりした時、リアクションのパターンをいくつもっていますか？

私のスクールに来られる方に聞いてみると、パターンが1つしかない方が大半です。

代表的なものが「はい……わかりました」です。

相手から何を言われても小さな声で「はい」と言って黙り込んでしまう。

黙り込んで何を答えたらいいのかと考え込んでしまう。

相槌というのは立派な意思表示です。それは、あなたの言うことに対して私はしっかりと反応しますよ、時には拒否もしますよ、という最初の一歩になります。

もちろん、相手からの要望や要求が正当なもので、積極的に関わりたいという場合は、「はい！」と気持ちよく返事をしましょう。

しかし、失礼な要求や嫌味な言葉、悪意のある頼み事などに対し、ワンパターンの「はい」だけで応じるのはやめましょう。私はあなたの言いなりになります、という意思表示になってしまいます。

ここでは**3つの「え」を使い分けることで、相手の思い通りにさせないようにする方法**についてお話ししていきます。

1、疑問の「え？」

これは相手が言っていることがよくわからない時や理解できない時、聞き返す時に使う、一般的な「え？」です。

「えっ？！もう一度お願いします」

「え？！ちょっと聞き取れなかったので」

など、**情報確認のための「え？」**として使っていきましょう。

ポイントは**「え？」の後に使う言葉の音量を、自分が求める音量にすること**です。
そうすることで、相手も自分の音量に合わせた音量で返してくれる可能性が高くなります。

2、驚きの「えっ！！」

これは相手の言ったことが驚きに値する時に使う「え」です。

通常は「実は結婚が決まったんだ」と友達から報告を受けた時などに「えーーーー！！！」といった具合に、純粋な驚きの表現として使います。


ここでは、相手が「あと1時間でこの書類を仕上げて！　お客さんを待たせているから」などと無理な注文をして来た時などに使ってみてください。

「はい。いやーでもー、ちょっとーほかの仕事があってモニョモニョ……」こんな受け答えをすると、煮え切らない奴と思われ、相手はイライラを募らせます。

ここでは「普通ではそんな無茶ぶりはできるわけないですよ」と「今取り組んでいる仕事があるのにどうしたらいいの！？」という意味を込めて「えっ！！」と使います。

相手の理不尽な要求や命令に対して「それはできません！」ときっぱり言い切ることが理想ですが、その前に**まずは否定でも肯定でもない「えっ!!」と伝える**のです。

相手にとって一番扱いやすいのは、言い返しもせず、反応が薄い相手です。

そのため相手は、即座に断られることを一番嫌がり、怖がります。

ただ「できません」と一刀両断すると、「なんで!」と反発が起きる可能性があります。

そのため、まずは「えっ!!」あるいは「えーーーっ!?」というリアクションを見せましょう。（P14「ジェスチャー・ファースト」参照）

即座に断って相手を怒らせるのではなく、キッパリとできない旨を伝える「前ふり」として使いましょう。

3、拒否の「え?」

最後は**不満・拒否の「え?」**です。

小さめの低い声で眉間にシワをよせながら言います。

その時は相手と目を合わせないようにしましょう。

相手に圧をかけすぎると逆ギレを誘うことになりかねません。

自分自身に向けて言うようなイメージです。

「なんで私にこんな仕事を振ってくるの？」というオーラを出すことができます。


もちろん仕事を振られるたびに使ってはいけません。

それ以外の自分のやるべき仕事に関しては「はい！　頑張ります！」と笑顔で請け負う姿を見せるからこそ効果があります。

そうでなければ、単なる文句が多い嫌な奴として評価が下がります。

理不尽な要求をされた時の、「ここぞ」という時に使います。


ここまで3つの「え」の使い方をご紹介してきました。

たった1秒で言える「え」という単語だけでも、これだけ自己主張できるということがおわかりになりましたでしょうか？

短い言葉だからこそ、シンプルに使えて効果も感じられます。

言構え

8

「音量アップ返事」

ただ声を大きくするだけでいい

単純に大きな声で返事をする、受け答えをするだけで、嫌な頼まれごとや、誘われごとが減るなら嬉しくありませんか？

例えば会社で嫌な先輩から「今日飲みに行かないか」と誘われた時。

「申し訳ないです……ちょっと仕事が立て込んでいて……」（ボソボソ）と答えてはいけません。

「すみません！！　先約があります！！」と**短く大きな声で答えましょう**。

大きな声を出すことそのものに抵抗感をもっている人も多いかもしれません。そもそも大きな声を出せないという方もいると思います。大きな声の出し方は、第3章でお伝えしている「簡単腹式発声法」のメソッドを使えばあっという間に身につきます。

そもそも人間は大きな声に対しては恐怖や畏怖、威厳を感じる動物です。大きな声に対してビクッとした経験は誰にでもあるでしょう。

大きな声を出せることは武器になります。

・心理学的にも証明されている「大きな声」がもたらす効果

大きな声は積極性と安定感を演出します。

心理学者のY・ローズは、声の大きさによって聞き手が話し手に抱くイメージがどう変わるか、調べる実験をおこないました。

68デシベル以下の小さな声で話をする人は「内気で臆病なイメージ」。

75〜85デシベルくらいの声で話をする人は「前向き・快活・積極的なイメージ」。

86デシベル以上の大声で話す人は「攻撃的過ぎるイメージ」。

この実験結果からわかるのは、声が小さい人は「内気で臆病と思われ、損をする」ということです。

一方、**声量のある人は前向きで積極的なイメージを聞き手に与えるので、話す内容を好意的に受け取ってもらえる可能性が高まる**ということです。a

大きな声で話すことができれば、聞き返されて嫌な思いをしないで済むだけでなく、心が安定していると思われ、それ以上強く相手から何かを頼まれたり、誘われたりしなくなります。

・大きな声を出す時の表情には注意しよう

ただし仏頂面で大きな声を出すのは逆効果です。相手に対してあからさまに敵意を向けるスタンスは避けましょう。到底敵わない相手に対してリスクが大きすぎます。

ポイントは逆三角形の口の形を作って声を出すこと。（P168MJ型の口の形参照）

笑顔を見せながら、波風立てない言葉をチョイスし、音量だけアップしてください。

・いつもより大きな声になるコツ

ボソボソと返事をするのが習慣になっていて、大きな声を出すのに躊躇してしまう方は、第３章の「簡単腹式発声法」のメソッドを身につけることをおすすめしています。

しかし、もっと手っ取り早く効果が出る方法は以下の２つです。

1、相手との距離の2倍の距離のところにいる人に声を届ける意識で、声を出す。

2、相手に真っ直ぐに声を届けるイメージではなく、相手の頭の上を越えて声が飛んでいくイメージで話す。

すみません！行けません！
このへんに向けて発声しよう!!

体構え

9 「レフトアイ」

相手の眉間や鼻を見て話すな

攻撃してくる相手が近づいてきてあなたに何か言おうとしています。

あなたの背筋が寒く、肩、首が緊張しはじめます。何を言われるのだろうか……？

攻撃してくる相手とはできれば対面で話をしたくないものですが、仕事で毎日顔を合わさないといけない場合もあるかと思います。

そんな相手と話さなければいけない時に、相手の顔のどこを見て話していますか？

・眉間や鼻を見て話してはいけない

苦手な人と話す時に限らず、聞き手の目を見て話すのは基本です。この時、ぼーっとした「蜃気楼のような像」のイメージで相手を見ていませんか？

眉間や目と目の間、鼻や口を見ながら話すとそうなります。勘で話す感覚です。

実はそれがあなたの緊張や不安を増長させる一番の原因なのです。

「緊張しやすい」「私は人見知り」と訴える人ほど、相手の目を見ないで話しています。

親や学校の先生に「相手の目を見つめるのは失礼だから、適度に目線を外しましょう」と教えられてきたという方も多いのではないでしょうか。

・怖い時ほど見ろ！

見ないから恐怖は消えないのです。特に攻撃してくる相手に対して、見ないで話す時は大抵、過去に見た怖そうな顔や睨んでいる顔を、脳の中で思い出しながら対峙しています。目の前の相手を見ないで、過去の恐怖をなぞっているイメージです。

そのまま今の見方を続けていても緊張や恐怖はとれません。**怖い時ほど相手の目を見るようにしましょう。**

・一瞬で恐怖が消える相手の目の見方

しかし、いきなり目を見ろと言われてもできませんよね。

そこで、聞き手の目を見るのがラクになり、恐怖心が軽減される方法をお教えします。さらにこの方法には、相手から見たあなたの印象が、堂々としたものに変化するというメリットがあります。堂々としている相手に対しては、攻撃しにくくなります。

・相手の「左目の黒目の中の光」を見ればいい

これには科学的な根拠があるわけではないことを、あらかじめお断りしておきます。

ただ過去5000人以上の生徒さんに試していただき、効果を実感したと言われたメソッドです。ではなぜ、右目ではなく左目なのでしょうか。

左目は、右脳＝潜在意識とつながっています。左目を見れば、相手の潜在意識とダイレクトにつながることができます。深い意識レベルでつながり合うことができるので、慣れると一瞬でラポール（親和性）を築くことができ、**相手から敵と認識されない**のです。

一方、右目は、左脳＝顕在意識とつながっています。左脳は論理や理性を司っています。

したがって、右目を見ると相手の理性が働いてしまいます。相手は敵か味方か自分より強いか弱いかを頭で考えはじめ、なんとなく居心地が悪いという感覚が生じてしまうのです。

「相手をしっかりと見て、心が揺らがずに自信をもって話せるとはこういうことか！」

ということが実感できるはずです。

相手の左目
黒目の中の光を見る
怖い相手ほど「左目」を見ろ!!

体構え 10

「スペース・インベーダー作戦」

相手に気持ちよく攻めさせないで！

相手のパーソナルスペースを侵害し、相手に気持ちよく攻撃させない戦法です。

パーソナルスペースとは、アメリカの心理学者ソマー氏が提唱した概念で、対人距離とも呼ばれています。**相手が自分に近づくことを許容できる限界距離**を言います。

親しい相手でない場合、近づきすぎると「自分を守らねば」と本能の感知センサーが働いて即座に嫌な気持ちになるのは、攻撃してくる相手も同じです。

・パーソナルスペース4つの分類

アメリカの文化人類学者ホール氏は、パーソナルスペースを4つに分類しました。

1つ目は公衆距離と呼ばれ、3・5メートル以上離れている距離感。相手と公的な関係性にある場合に使われます。講演会などで話す際の距離感ですね。

2つ目は社会距離です。1・2メートル～3・5メートルです。会社で仕事をする場合などで取られる距離感です。

3つ目は個体距離です。45㎝～1・2メートル。表情がお互い読み取れる距離感です。自分と相手が手を伸ばせばだいたい届くくらいの距離感なので、親しい間柄であれば嫌な感じを受けずにいられますが、親しくない相手がこの距離感に入ってくるか、もしくは入ってくる気配を感じるだけで、心理的な圧迫感を受けはじめます。

4つ目は密接距離です。これはもう接触しているイメージです。家族や恋人などかなり近しい間柄で実現できる距離感です。会社にいる時はこの距離感が実現することはまずないでしょう。

これらを理解した上で、ここで使うのは「スペース・インベーダー作戦」です。**あなたを攻撃してくる相手のパーソナルスペース感覚を狂わせる戦法**です。

やり方は2つあるので、実際は両方試してほしいです。

1、エッジ・アップ（動きの起点を先に奪うと勝てる）

パーソナルスペースの社会距離や個体距離の中に、バレずに入っていく方法です。攻撃する側は私たちのパーソナルスペースを侵害してくることで私たちをビビらせ、不安に陥れようとしてきます。

それは攻撃する側に「動きの起点がある」状態と言えます。その動きの起点をこちら側が奪います。

基本、攻撃する側にとっても、社会距離や個体距離の距離感でいることが、コンフォートゾーン（安心していられる空間）となります。そこで、**相手にバレないように、10センチ程度でいいので相手との距離をこちらから縮める**のです。そうすることで、あなたがパーソナルスペースを侵害された時と同じ不快感や威圧感を、相手も感じることになります。すると相手は、心身ともにプレッシャーを感じることとなり、今まで発揮してきた攻撃性が弱体化されます。

皆さんの周りにも、仕事で失敗が多いけど人懐っこい人っていませんか？　何か失敗した時に「先輩ーーー！　すみませーーーん」と体を近づけて謝ってこられて、なんだか怒る気力がなくなった経験があるのではないかと思います。それと同じ原理です。

2、サイド・バイ・サイド（個体距離に入られると敵は焦る）

思い切って相手と横に並ぶ作戦です。パーソナルスペースの個体距離の中に、果敢に飛び込むのです。

相手の怒気や嫌味な空気感に押されて、後ずさりしてしまったことはないですか？　後ずさりまでしなくても、心理的に後ろにのけぞっている感覚を受けたことはないですか？

これは相手から受ける嫌な「気」を正面で受け止めてしまうことが原因です。そうなると攻撃者の思う壺です。相手を負かしたという喜びで相手は調子に乗り、ますます攻撃は激しくなります。

そうならないために、あえて自分から相手の懐（パーソナルスペース。ここでは個体距離）

に飛び込んでいきます。

懐といっても真っ正面ではなく、真横に並ぶのです。この時「ちょっといいですか」など**と一言かけながら横に並ぶのがコツ**です。

真正面から一気に近づくと挑発ととられかねませんが、一声かけながら真横につけば挑発とは思われません。

サイド・バイ・サイド
ちょっと
いいですか?

エッジ・アップ
部長、うっかりしてて
すみません〜
10cm
じり
じり

攻撃する側は、私たちのパーソナルスペースを乱して一方的に攻撃することには慣れていますが、自身のパーソナルスペースを侵害されることには慣れていません。

相手は面食らってどう反応していいかわからなくなり、混乱するでしょう。

すると、**嫌な気を受けずに、相手と自分とで同じ問題を解決する同志のスタンスを作りだすことができます。**

これは嫌な上司が相手でも使えますし、口答えしてなかなかいうことを聞いてくれない気の強い部下と話す時にも使えます。

最初はなかなか勇気が出なくて難しいと感じるかもしれません。

もしこちらが全面的に悪い場合でも、謝罪の言葉を述べながら使ってみても構いません。

言構え

11 「フェイク・シック」時には使ってもいいずるい戦略

病気や怪我のフリをする。**仮病をまとう作戦が「フェイク・シック」**です。

「頭がクラクラしてきました」

「呼吸が辛いです」

「立ちくらみがします」

相手からの攻撃が続いたら、これらの言葉を投げかけましょう。

相手からの攻撃を中断することができ、その場から離れることも可能になります。

古典的な手口ですが、これは効きます。

そんな姑息な手段を使うことなんて許されないと思ったあなた。かなり重症です。

あなたがこれまで受けてきた彼らの攻撃でかなりの身体的、精神的ストレスにさらされていることにまずは気づくべきです。それをあなたは根性で耐えているだけなのです。

もっと自分を大切にしてほしいと思います。

ストレス学説を唱えたカナダの医学者セリエは、ストレスは心の働き、身体の働きの中でも、弱い部分に表れやすく、機能障害を起こすと唱えています。

以下のような症状が日常的に出ているなら要注意です。

□目が疲れやすく、目の奥がキーンと痛くなることもある
□首や肩がこってパンパン状態
□背中や腰が痛くて猫背気味な歩き方になることがある
□寝起きが悪く気持ち良く起きられない
□頭痛や頭がスッキリせずに重い感覚がある
□たちくらみしそうになり、ふわふわした感覚がある
□手、足が異常に冷たくなることが多い

□胃がもたれる、痛くなることが多い
□疲れがとれない、すぐに疲労感が出てしまう
□お腹が緩んだり、逆に張ったりする
□感情のコントロールがきかずイライラしたり、悲しくなったりする
□ヒトと会うのがおっくうになった
□仕事でもプライベートでも集中できない、やる気が出ない
□口の中が荒れたりただれたりすることがよくある
□風邪を引いても以前ほど早く治らない
□深夜に目がさめた後なかなか寝付けない
□好きなものでもあまり食べる気がしない

私のクライアントさんにこちらのアンケートに答えていただくと、攻撃を受けて心も身体も参ってしまっている方の多くは、10個以上チェックされます。

心と身体はつながっています。

適度なストレスは必要と言われています。

適度なストレスがあることで、ハリのある人生を送れるからです。

しかし、悪性のストレスは心を疲弊させ、不安や抑うつ状態を引き起こすことにもなります。ましてやその**悪性ストレスを慢性的に受け続けることは、あなたの心を破壊し、人生を棒に振ることになりかねない**ということに気づく必要があります。

あなたが今抱えている症状は決して仮病ではなく、相手に堂々と辛いと言っても構わないものなのです。

フェイク・シック
すみません…
頭がクラクラしてきました
あと
おなかいたいです…
お!
おう…
おだいじに…

言構え 12 「ダウン・クッション話法」

戦略的にへり下る

尊敬語、丁寧語を常用し、**あえて自分の立ち位置を相手の立ち位置より低くすることで、相手の自尊心をくすぐり攻撃する気力を削ぐ作戦**です。

攻撃してくる相手の中にはものすごく単純な理由で攻撃してくる人がいます。それは自分のプライドが満たされないことに腹を立てて攻撃してくる人たちです。

この場合、いくらこちらが正しいことを伝えても、相手の気持ちは収まりません。むしろ、論理的に正しいことを伝えても、火に油を注ぐだけです。「馬鹿にされた」「コケにしやがって」と攻撃してきます。

仕事もあまりできず、ただポジションだけが上がっていったような人に多いタイプです。

そんな相手に意見したり言い返したりする時は、話の冒頭に、自分の立ち位置を相手よりも低く設定する言葉をもってきます。

「私のようなものが反論するのもおこがましいですが……」

「若輩者の私がこんなことを言うと偉そうに聞こえるかもしれませんが……」

理不尽を平気で要求してくる人たちには、この「ダウン・クッション話法」が効果的です。**相手が求めているのは自分の自尊心を満たすことだけです。そんな相手から攻撃する気力を削ぐことが目的の言葉です。**

激昂している相手の精神状態を、プラスマイナスゼロの状態に近づける効果があります。

冒頭の言葉とサンドイッチにして最後に「私みたいなダメ人間に時間を割いてのアドバイス、ありがとうございます」などの言葉をつけると、相手も気分がさらに良くなって、時には本当に有益なアドバイスもくれるかもしれません。

体構え

13 「エルポジ・アイポジ」

先生・仲間として認知させて攻撃させない

対面で人と話すのって緊張しませんか？　ましてや嫌味な相手と話す場合、居心地の悪さを感じながら話すことになります。

この居心地の悪さを解消する簡単な方法があります。それが「位置関係設定」です。

ここではエル（L）とアイ（I）２種類の相手との位置取りの仕方を解説します。

・Lポジション（カウンセリングポジション）

相手とコミュニケーションを取る際の位置関係には様々な種類がありますが、相手との位置関係を90度にしたものを「カウンセリングポジション」と言います。

例えば四角いテーブルに座って話をする時に、自分から見て、角を挟んで、もしくは左の辺の席に相手を座らせるポジションです。

この位置関係をとることで緊張やプレッシャーを軽減させる効果があります。

相手から見て斜めに座るため、緊張やプレッシャーを感じた時は、自然に正面を向いて相手から視線を逸らすことができます。**心理的な圧迫感を軽くできる**のです。

これは相手も同様で、お互いにリラックスできる効果があります。

相手との関係性が緊張しやすい間柄である場合や、感情的になりやすい相手と話す時には、このポジションで話すことでラクに安心感や信頼感の構築ができます。

また、相手の顔をはっきりと見るためには、一旦首を動かして相手に向き合う動作が必要になります。

この行為によって、きちんとあなたのことを見ていますよ、というサインを送ることになります。**お互いに相手を承認し、相手からも承認されているという気持ちを抱きやすい**というメリットがあります。

私は会社員時代、交渉ごとをおこなう部署に属していた時は、意識してこのカウンセリングポジションを使っていました。そうすることで、対面に座って話すよりも腹を割って話せる機会が増えた気がします。

また怖い上司や先輩に報告や連絡をする時も、対面からの報告は避けて90度で座るようにしていました。正面からだとどうしても相手から見られているという意識が働きすぎて、ギクシャクドギマギしてしまうからです。

さらに、もう1つおすすめの方法がありま す。

・Iポジション

Iポジションとは、相手の真横に並んで同じ方向を向く位置ポジションです。

このポジションのメリットは、**Lポジションよりもさらに相手の視線を気にしなくて済む**こと。

Iポジション
相手の真横
に並んで
同じ方向を向く

さらに、お互い横に並んで、メモ用紙やホワイトボードに用件を書き、そのメモやボードに意識を集中させながら相談や報告をすると、よりリラックスして説明ができるようになります。

会社員のKさん（40歳）は課長職をしています。

人事異動で年上の部下Aさん（56歳）がKさんの元に配属されることになりました。

Aさんは Kさんより一回り以上年上で勤続年数も長く、非常に高いスキルをもっているのですが、出世競争から外れてしまってからは、上司に逆らったり、担当業務に真面目に取り組まない姿勢が問題視されていて、社内ではひねくれ者の問題児として扱われていました。

Kさんはそんな Aさんとの業績評価面談をするのがとても苦手でした。

面談の中でAさんから部署の問題点について問い詰められても何も言い返せず、どちらが上司なのかわからないような状態が続きました。

そこでKさんは相手の言い分を聞く時はLポジションで聞きとりをし、一緒に部署や業績の問題点について話し合いをする時や、アイデアを出し合う時は、Iポジションをとるようにしました。

2人でホワイトボードに向かって座ってアイデアを書き出していく協同作業をするようにしたのです。

すると、今後の部署の成長や会社の発展につながる、とても前向きなセッションを行えるようになったのです。

それまで敵だと思っていたAさんが、名参謀のごとく様々なアイデアを出してくれたり、動いてくれるようになったとのことで、大変喜ばれていました。

言構え

14

「時系列整理」
詰問口調に傷つかない言い返し①

「なんで!?」「なんでこうなったの？ 説明して!」

「どうしてこんな結果になったの？」「なんでまだできてないの？」

「なんでなんで系質問」を大きな声で攻撃的な口調で言われて、言葉が返せなくなってしまった経験はありませんか？

理路整然と説明できれば問題ありませんが、トラブルなどで頭が整理できていない中でこんな質問をされると、あたふたしてうまく話せないですよね。

教科書的な答えとしては、次のようになります。

1、結論・主張（POINT）

申し訳ありません。打ち合わせに遅刻しました。お客様からクレームをいただきました。

2、理由（REASON）

電車で事故が発生し、先方に連絡をしようと思ったのですが、社用の携帯電話の充電が切れてしまっていました。

3、具体例（EXAMPLE）

次回から充電状態を確認してから出発します。

4、結論（POINT）

先方も仕方ないね、次回から気をつけてと笑顔でおっしゃってくださり、商談もうまくいってことなきを得ました。あらためて今回の失敗について申し訳ありませんでした。

このような伝え方を、頭文字を取って「PREP式の伝え方」と呼んでいます。

しかし、もっと込み入った案件で、答えがすぐに出せない場合や、情報が出揃っていない中での説明は、頭が混乱して何から話していいかわからず、パニックになります。

さらに相手がイライラしている様子がこちらに伝わってくると、余計にプレッシャーで話せなくなります。

昨今「心理的安全性」という言葉が浸透してきました。

「部下や後輩、配偶者や子供に対して『なんでそんなことしたの?』と詰問口調で言うと、部下や子供が萎縮してしまうのでやめましょう。そんな時は『どうしたら次はうまくいくかな?』と諭すように伝えることが正解」。

そんな風潮になってきましたが、まだまだ浸透はしていません。

「なんで!」と詰問されながらも、それに耐え抜いてきた世代の人たちは、それが問題解決になると信じているので、「なんで」という言葉を使いたがります。

そんな時に、心がドギマギしたまま、うまく説明ができる一言をご紹介します。

「時系列で説明していってもいいですか?」

「時系列で説明します」

時系列で話すと自然と「いつ、どこで、誰が、何を、なぜ、どんな風に」の5W1Hを網羅して話すことになります。

注意点は、何も言わずに時系列で話し始めないこと。相手に「時間がないから要点だけ言って！」と言われないために「時系列で説明していいですか？」と最初に宣言するのです。もし頭が混乱している時は「頭が混乱しているので、時系列で話させてください」と伝えましょう。

それでも「端的に説明しろよ」とか「時間がないから手短に」と言われても、「ありがとうございます。ではまず昨日の朝10時頃……」と話し始めるのです。

もし、何かしら時系列の中で漏れが出てきた場合は、相手から「それは誰が？」「それからどうなったの？」というように質問が来るはずです。

それらの質問に応じていくと、説明漏れの部分も穴埋めされていきます。

「説明させられている」から、**「疑問に答えてあげている」という図式に変化させる**のがここでのポイントです。

自分が話しやすい状況に変えていくのです。

言構え

15 「論点整理」

詰問口調に傷つかない言い返し②

先ほど「なんで！」に対して時系列で説明していく方法をお伝えしました。

しかし、時系列で説明するのが難しい案件や、そもそも状況がうまく把握できていない中で、何が問題かもわからず、何から説明していいかわからない場合もあります。

そんな時に便利な言葉が、こちらです。

「問題を整理していいですか？」

例えば、上司に

「なんで売上が上がらないの？」

「なんですぐできないの？」

「なんで成約率がこんなに低いの？」

などと問われ、一言で答えを導き出せない場合ってありますよね。


このやり方を知ったのは、私が前職の会社で新入社員だった頃です。

直属の上司である部長から
「司くん、そのデータ入力になんで2週間もかかるの？」

「司くん、その仕事。なんで昨日までにしなかったの？」

と言われることがありました。その時は自信なさげに
「いや、どうしても2週間必要で……」

「すみません、やろうと思っていたら、他の仕事が……」

と消え入るような声で答えていました。


心の中では「いつもうるさいな！　できないものはできないんだよ！」と悪態をついていました。

その際に、その上司から言われたのが、この言葉でした。
「司くん。違うよ。責めている訳じゃないよ。『**何が問題になっているのか**』を聞いているのだよ」。

この一言を聞いて、このような建設的なやりとりができました。
私「データ入力を各部署に依頼して返事をいただけるまでに1週間かかります。そこから入力作業をするのでさらに1週間かかるのです」
上司「わかった。各部署のグループ長に3日以内に司くんに返事をするように伝えるね。そうすればどれくらいで終わる？」
私「それなら遅くても10日。やり方を考えれば1週間で終わるかもしれません」

それ以来、「なんでなんで系」の質問の返事に困ることは減りました。

・「なんで売上が上がらないの？」
↓「売上が上がらない点について、問題を整理すると……」

・「なんですぐできないの？」

↓「すぐできない点について問題を整理すると……」

「問題を整理すると……」の後に続く言葉は結局言い訳になるのですが、**この言葉を使うことで、問題点を整理し、問題解決に向けてのアイデア出しをしているかのごとく振る舞うことができます。**

それでも言いにくい時は、こう言いましょう。

「売上が上がらない点について、問題を整理したいのですが、一緒に考えてもらえたら嬉しいです」。

2nd Round

カウンター力《りょく》

自分を傷つけずに

相手の攻撃にかしこくスマートに言い返そう

カウンター力《りょく》とは何か

あなたと攻撃してくる相手とは今、
「攻撃する側」（いじめる側・加害者）↕「攻撃される側」（いじめられる側・被害者）
という関係性になっているかと思います。
しかし、いくら言い返す術を身につけたとしても、この関係性が変わらない限りは、無限
に攻撃され続けることになります。
ではどうしたらこの関係性を壊すことができるのでしょうか？

それは、
「あなたが教育する人」（先生・師匠）↕「相手が教育を受ける人」（生徒・弟子）

に変換することです。

関係性を変えることで攻撃されない状態を作ることができるようになります。

●「か弱き生き物」それが攻撃してくる彼らの正体

あなたを攻撃してくる人のほとんどは、根っこの部分では自分に自信がなく、他者を攻撃することでしか自己肯定や自己承認ができない連中です。

裏を返すと見た目の攻撃的な姿は仮の姿で、実はとても弱い生き物なのです。

そんな弱い相手が振り回す悪意に、コテンパンにやっつけてやる！という気概でのぞめば、相手の悪意があなたにうつって同類になります。

私自身、人に言い返す時に生じる微かな攻撃性を自分の心の中に見つけると、自己嫌悪でいっぱいになるタイプでした。

あなたは私以上に、人を攻撃することなど大嫌いな、優しく誠実な方のはずです。

そんな方ほど、「言い返そう」「やり返そう」と思った瞬間に生じる自分の中の攻撃性を認識した瞬間、言葉が出なくなります。

本来の優しく誠実なあなたが、その攻撃性を起点とした言動を表現することに躊躇し、言葉が出てこなくなってしまうのです。

・攻撃する人間から攻撃できない人間に変える言葉の教育「カウンター力」

そのため相手に「言い返す」という意識は捨て、無能力の何も知らない赤ん坊に教育していくと決めてください。山中で狼に育てられて、粗暴に育ってしまった幼児を救ったあなたが、その子を人間社会に馴染めるように、何がよくて何がダメなのかを、きちんと愛情をもって教育してあげる。そんな設定です。

これからご紹介していく方法は、相手にギャフンと言わせたり、言った瞬間に相手がその場から去っていくような強烈な言葉を期待していた人には、少し期待はずれにうつるかもしれません。

相手とできるだけ距離を取り、威圧感を醸し出して、相手からなめられないようにすることだけを目的としたものでもありません。

言葉の力で相手の攻撃力を封じ、相手がいつの間にか自分を応援してくれる存在に変わっていく、助けてくれる存在になっていくというのが最終ゴールです。

さらにあなたの仕事力もアップしていくのが本書の狙いです。

ビジネスとは、答えのある問題を解く学校のテストのようなものではなく、答えがわからない中、最適解を探しあてていくものです。

本書では、そういった答えがわからない仕事上の課題に対して、1人でその問題を解決していくための考え方を指南しています。

さらに1人で解決できない時に、人から応援してもらえるような言葉の使い方も指南しています。

長期的に自身の仕事におけるコミュニケーション力を高めるヒントにも本書を活用してください。

では具体的な言葉の使い方について見ていきましょう。

1 「どういう意味ですか？」めんどくさい相手だと思わせたら勝ち

こんな攻撃に対して効果的……「馬鹿じゃないの？」「無能だね」


相手からの人格攻撃。こちらが病んでしまいそうな発言をする人はいますよね。

それが会社の風土として暗黙の了解で許されているような職場だと、モラハラ、パワハラという言葉を使って抵抗できないこともあるでしょう。

この手の発言をする人は、深く考えず、感情にまかせて言っていることがほとんどです。

なぜなら彼らは、これらの発言を自分自身がたくさん浴びてきたから。

自分自身が、子供で何の力ももち合わせていない、情けない存在であった時に、心ない親や上の立場の人からこのような言葉を浴び続けて育った。

自分がまだ社会人1年目の右も左もわからない時に、厳しい上司からこのような言葉を受けた経験がある。そんな連中なのです。

だからできない相手を見ると、それを自分自身に反射的に重ね合わせてしまうのです。その時言い返せなかった恨みを、目の前のあなたに反射的に投げつけているのです。そう考えると可哀想な人たちとも言えますが、そんなことこちらは知ったことではありません。同情する余地はありません。

このような辛い仕打ちを受けてきたとしても、同じ苦しみを、他の人には味わわせたくないと考えて行動にうつさない人が大半だからです。親から精神的、肉体的な虐待を受けてきた人全員が自分の子供に虐待をしているわけではありません。みなギリギリのところで踏みとどまっているはずです。ただ重症な人はその歯止めがきかなくなります。声を荒らげ人格攻撃に走るのです。そんな相手にはいちいちまともに言葉を返す必要はありません。

・笑顔で「どういう意味?」と聞くだけで人生は変わる

ニコッと笑顔で「え? それってどういう意味ですか? 教えてください」。

もしくは、低くドスのきいた声で「え？ それってどういう意味ですか？ 教えてください」と伝えましょう。


そもそも相手も深い意味を考えずに発してきた言葉です。

即座にそれはこういう意味でこういうことだと説明するのは困難なはずです。

「そ、そのままの意味だよ！」

「そんな意味もわからないの！」

などと返してくるでしょう。

それに対しても
「はい、わかりません。どういう意味か教えてください」
「意味がわからないので、教えていただけますか？」
とメモを手にもって相手に食い下がりましょう。

この作戦は、罵詈雑言の類を浴びせられたら、毎回おこなうことをおすすめします。**毎回おこなうことによって、彼らはあなたを、罵詈雑言を浴びせたらめんどくさい言動をとる相手と認識していきます。**

私たちは「言い返す」行為をしているわけではありません。私たちは彼らを「教育」しているのです。罵詈雑言を発したら、めんどくさい結果が生じるよという教育です。教育には時間がかかりますが、何かしら変化は生まれます。

彼らに言い返すのは相当勇気がいることです。

あなた自身、人に対して言い返す人生を送ってきたなら話は別ですが、通常言われっぱなしできた人がいきなり言い返す時に、ハードルになってくるのが声です。

恐れと緊張で声が出なくなるのです。

そのため第3章ではポーカーボイスという声の出し方を指南しています。

恐怖や不安を感じる中でもしっかりと声が出せる方法を身につけて、使ってみてください。

2 「私の立場ならどうされますか？」

無茶な要求をシャットアウトする

こんな攻撃に対して効果的……「（絶対にできそうにない仕事を）明日までに終わらせて」「これ8割引くらいにしてよ」

無茶苦茶な要求に対しては「相手に自分の立場に立たせてみる」この作戦をおすすめします。無茶なことを要求されたり頼まれたりした時、それをどう拒否するかはとても難しいテーマです。嫌な上司や先輩、その他クライアントの理不尽な依頼や要求など。例えば、このようなケースです。

・上司から、どう考えても1人ではできそうもない事務処理を明日までにやれと言われた。
・クライアントから半値に下げろと無理な値引きを迫られた。

どう考えても無茶な依頼や要求があった場合、「申し訳ありませんができません」「ごめんなさい無理です」と下手に出て謝罪するのはシャクなものです。

できないとわかっていてあえて無茶なことを言い、それを陰で笑う輩もいます。

下手に出るとつけ上がって、何度も同じ要求をしてくる可能性もあります。

そんな時は、**あなたと相手とのポジションを入れ替えて想像させる戦略が効果的**です。

「僕の立場ならどうされますか？」

「私の立場ならどんな策を取りますか？」

これを軸に言葉を組み立てて使ってみましょう。

「課長が僕の立場で依頼を受けた場合どうされますか？」

「値引きのご要望はお聞きしましたが、逆に御社なら同じお願いをお客様からされた場合、お受けになっているのですか？」

あなたは無茶なことを言っていますね。自分がもし同じ立場に立った時にできるのですか？と暗に問うているのです。

これは深刻な顔で伝える必要はありません。笑顔で軽やかな声で「まさかご冗談を」と言う口ぶりで伝えてみてください。

このスキルは心理学的にも効果が証明されています。

アメリカの大学の心理学実験において擬似交渉の実験をしました。

その際に「お願いです。私たちの身にもなって考えてほしい」と頼んだ場合と、頼まなかった場合に、どれくらい協力的になってくれるかの実験をしました。

私たちの身になってほしいと頼んだ場合は58%の協力を得られました。

それに対し、頼まなかった場合は25%しか協力を得ることができませんでした。

自分の身になってみて！と提案した場合、2倍以上も相手からの協力的な反応を得ることができたのです。

もちろんあくまで心理学の実験室の中でおこなわれたものなので、完全に成功するとは限りません。しかし「えーと、そうですね……明日まではちょっと……むむ難しいかと」と言い淀んでストレスを溜め込むくらいなら、このセリフを言ってみることをおすすめします！

どう転んでもできないものはできないからです。

ただ単にあなたを困らせたくて言ってきている可能性も高いのですから。まともに悩むなんて時間の無駄です。

・嫌な奴らはなぜ無茶な要求をしてくるのか？

それは同じことを自分ごととして想像したことがないからです。もちろん中には
「なんで俺がそんなことを考えないといけないんだよ！」
「ああ、うちなら同じ値引き要求が来たら喜んで値引きさせてもらうよ」
と言ってくる相手もいるかもしれません。
そんな時は重ねて
「いえ、まずは一度でいいので自分ならどうするのかを考えてみてほしいのです」
「無理は承知でお伺いするのですが、同じ状況なら課長はどう対処されますか？」

「本当に値引きをされるんですね。本当にできるのなら明日御社の上長に確認してみてもいいですか？」

と繰り返してみましょう。

何度も繰り返している間に、

「もう、いいよ」とあきらめてくれるかもしれません。

「つべこべ言わずにやれ！」と捨て台詞を言って去っていくかもしれません。

「冗談が通じないね。冗談冗談ー」と態度を変えてくるかもしれません。

自分が無茶なことを言ったなーと反省するような人たちではないはずなので、反省、改心までを求めるのは難しいと思いますが、**軽々しく依頼や要求をしたら、このような面倒な状況になるのだという記憶を相手の脳に残してあげましょう。**

自分の身を守るワードとして、口慣らしをして言えるようにしておきましょう。

3 「努力しているところです」

性格やすぐに変えられないものを非難された時

こんな攻撃に対して効果的……「性格直した方がいいんじゃない」「その態度直した方がいいよ」「だらしなくない？」

こちらが「え？」と思うような時というのは、だいたいがその場ですぐにはどうしようもないことを指摘された時ですよね。

そんなことを急に言われても直せないよ！と思ったことはありませんか。

そんなワードに対しては、「進化途中」だとアピールするワードを使いましょう。

「努力しているところです」

「改善中です」

「進化の過程です」

そもそも完璧な人間なんていないわけで、今はできていないかもしれないけど、鋭意進化中ですとアピールしましょう。

この受け答えのメリットは、

「私はあなたの忠告を素直に聞く耳をもっていますよ」

「その欠点や弱点を改善する努力をしていますよ」

「いつも気にかけてくれてありがとうねー」

という複数のメッセージを相手に送ることができることです。

その言葉の意味をどう受け取るかは相手次第ですが、**少なくとも「あなたの言葉に対しては私はビクともしませんよ」という最低限のメッセージは届きます。**

・おせっかいタイプにも使えます

本気の嫌な奴から嫌味や悪口として言われることもあるかもしれませんが、それ以外にもおせっかいで、世話焼きタイプの人が言ってくることもあります。

「あんたは俺の母親か！」みたいなタイプの人。

そんな人は相手が誰であっても遠慮なしに思ったことをズバズバ言ってきます。

悪気がない中での親近感の表れなんでしょうが、ちょっと疲れるなーと思う時もありますよね。

そんな時にも使える便利なフレーズです。

言い方のコツとしては、第3章で紹介している口の形「ＭＪ型」でニコニコと笑顔で言ってみることで、打たれ強さや余裕を演出することができます。

また、毅然とした態度を見せながら笑顔を殺してＮＨＫ型の口で伝えると、威圧感を与えることができます。

4 「ありがとうございます！」

頑張りを否定された時に前向きになれる言葉

こんな攻撃に対して効果的……「そんな内容の企画書でよくコンペ通ったね」「なんでそんなレベルで堂々としているか不思議だよ」


人が努力して頑張ったことを無邪気に否定してくる奴らっていますよね。

こちらがどれだけ苦労してそれをやり遂げたのかも知らず、平気でこんな言葉をかけてくる。本当に腹が立ちます。

自分に自信がない、人の目が気になってしまうという悩みをもっている人ほど、心ない言葉を受け止めてしまって、落ち込み傷つくことが多いのではないでしょうか。

そもそも深く関わりもしてこなかったくせに評論家気取りでこんな言葉を投げかけてきたら、こちらが返す言葉は一言。

「ありがとうございます！」「感謝です」「感謝していいですか」

「貴重なご意見ありがとうございます」「おかげさまで！」

そもそもそんな心ない奴らにまともな返事をする必要はありません。一言伝えてその場から去りましょう。

一言伝えて足早に去るというのは、相手がもっとも望んでいない対応だからです。

「いや、自分自身は頑張ったつもりなんですけど」「最大限の努力はしたんですけど」「どこかダメなところありましたか」

こんな言葉を相手は待っているからです。

「だから、頑張ったつもりで結果がともなってないんだよ！」

そう言ってさらに攻撃をしてくるに違いありません。

さらに効果があるのが笑顔で明るく伝えること。

笑顔で伝えることには、相手の気持ちを萎えさせる効果があります。

その際、声のトーンも明るく伝えましょう。

こちらの方が気持ちが落ち込んでしまって、そんな声で伝えるなんてできませんよという方もいるかもしれません。

そんな時は、はっきりとした声で伝えようとしないこと。少し歌声に近い声で伝えてみてください。

第3章でお伝えしている「にゃにゃにゃ発声法」がおすすめです。ニャー！という猫の鳴き声を裏声でモノマネしてみてください。その時の口の形で声を出してみてください。勝手に明るい声になります。

言葉の内容を補強するのが声の力です。そしてその声色を作るのは表情です。

その声と表情で「ありがとうございます」と言われると、彼らは自分の攻撃の無力さを痛感することになります。

5 「師匠とよんでいいですか？」

承認欲求を満たして理解者になってあげる

こんな攻撃に対して効果的……「俺ならそんなやり方しないけどな」「そのやり方古いんじゃない」「そんなこともわからないの？」「努力が足りないんじゃない？」

これら攻撃的な言葉を言ってくる人は、３つのタイプに分かれます。

①　自分の仕事に自信をもっていてその有能さをアピールしたい承認欲求クレクレ型
②　素直に親切に教えてあげたらいいもののコミュ障ゆえに不器用な愛情表現しかできない職人気質型
③　仕事もできないくせに余計な一言を言ってくる本当に嫌味型

もし①から③の見極めができているなら、カチンとくる一言に対しては相手との関係性で返す一言を決めましょう。

①はとにかく自分の有能さを認めてほしいタイプ
仕事を頑張ってきたけどなかなか上司に認めてもらえなかった、もしかしたら奥さんや旦那さんに日頃からの頑張りを認めてもらえない可哀想なタイプ（と想像する）。

言い方はともかく**有能さについては認めてあげちゃいましょう。**

あなたが理解者になってあげるのです。


「師匠とよんでいいですか」という言葉は嫌味でもなんでもなく、理解者としてあなたの頑張りは私が一番知っていますよ、という気持ちを込めて言ってあげましょう。

この言葉を使うと、頑張って仕事をしてきたけど認められなかった人ほど、顔を真っ赤にして「口がうまいなー」とか「のせるのがうまいな」という反応を返してきます。

それでも続けて「教えてください！」と真剣な眼差しで聞くと、味方になってくれてフォローしてくれるでしょう。

②はとにかくいい仕事をすることが生きがいのタイプなので、「師匠」といってもあまり相手には響かないでしょう。

一言「勉強になります。教えてください」と伝えるにとどめておきましょう。

その時にメモを片手にもって話を聞くことを忘れずに。

本気で仕事に取り組んでいるこの手のタイプは、茶化したりせずに、有益なアドバイスをくれるようになります。

あなたが口先だけの人間でないことがわかれば、彼らの厳しい口調も優しい口調に変わっていくでしょう。

③の厄介な人たちには作戦を変えましょう。

「勉強になります。教えてください」のあとに「そのやり方でいくと売上は何倍くらいになるんですか（経費は何％削減できますか）」など、**具体的な数値を相手に聞いてみることがおすすめ**です。

もしここで、相手が①②のような仕事に対して真剣に向き合ってきたタイプなら、具体的な数字をスラスラとあげてくるでしょう。

しかし単なる嫌味な奴なら、そこでモゴモゴと口ごもったり「そんなことはいいからとにかく早くやれ！」と言葉を濁したりしてくるでしょう。

本物かどうかを見極めたければ数字で語れるかどうかで判断しましょう。

逆に言えば、本物と認めてもらいたいなら数字で語れるようになると、相手からの余計なノイズで心をかき乱されたりすることも減ってきます。

6 「そんな考え方（見方）もあるんですね」

なんでも決めつけてくる相手に

こんな攻撃に対して効果的……「このやり方にはこうしないとだめ」「なんでこうしないのかね」「このままいくと失敗するよ」


自分のやり方に固執して柔軟な考えができない人っていますよね。

そんな相手には、いくらこちらのやり方が正しいと主張しても、聞き入れてもらえません。

そんな相手には、一言
「そんな考え方（見方）もあるんですね」「そうなっちゃうんですね」

と返しておくと、角を立てないでスルーできます。

・応用
「参考にさせていただきます」と付け足す

ただし、いつまで経っても旧態依然としたやり方を続けないといけないというのがストレスになる場合は、相手の考えを変える言い方を試してみましょう。

「もし●●さんが、今と違うやり方を試してみてもいいかな？と思えるとしたら、どんな時ですか？」

「違うやり方があります。試してみませんか？」とは言っていないことに注目してください。そもそも違うやり方を否定している相手に対して、別のやり方をしてみませんかと尋ねても、「やらない」と一蹴されてしまいます。

「もし〜」という仮定の言葉を用い、加えて、「違うやり方を試してみてもいいかなと思えるとしたら」という言葉で相手からの抵抗を薄める聞き方をします。

この質問には実は巧妙なトリックがあります。

「相手にとっての動機づけのきっかけ」を尋ねるのが今の質問です。まずは相手が何を大切にしているかを特定するのです。

この質問に対して、「もし、会社の売上がアップもしくは経費が大幅にダウンするならやり方を変えてもいいかな」という返事が返ってきたら、「売上アップ」「経費削減」が、相手が今大切にしているものだとわかります。

次に相手のやる気の源を引き出す質問をします。

「今の1・5倍、もしくは2倍の売上が見込める方法があります。もしくは経費が半分になる方法があるのですが、聞いてみたいですか?」

「大切なものがより良い状態に変わる方法があるけど、聞いてみたい?」と問われたら、通常は「聞きたい」になります。

心理学の用語に「一貫性の法則」という言葉があります。人には、自身の行動、発言、態度、信念などを一貫したものとしてあらせたいという心理があり、これを「一貫性の法則」と呼びます。

一旦「売上アップ、経費ダウンするならやり方を変えてもいいかなと思える」と回答をした手前「それが叶うやり方がある」と聞かされた場合は、**その後に続く答えは、自分が伝えてきた回答と矛盾しないものでないと、心理的に居心地が悪くなってしまう**のです。

きっと「聞いてみたい」という答えが返ってくるでしょう。

相手の頑固な価値観を崩すことはなかなか難しいかもしれませんが、今回のテクニックは、ひとまず話を聞いてもらえる状態にするのに役に立ちます。

なかなか自分の意見を曲げない上司や先輩、部下などの説得や、セールスなど、幅広く使えるテクニックとして覚えておいてください。

7 「全く問題ないです」 マウントされたらこれ一択

こんな攻撃に対して効果的……「高卒で恥ずかしくないの」「親がいなくて気の毒だね」「そんな成績で可哀想だね」

こちらが変えようのない過去に対してそんなことを言って楽しいのか！ ということを言ってくる相手っていますよね。

私も就職活動をしている時に人事担当者に「うちの会社は○○（当時人気ナンバーワン流通商社）の最終面接を落ちた子たちが受けにくるんだ。みんな国立エリートばかりだ。君みたいな子は受けにこないよ。恥ずかしくないの？」と言われた経験があります。

圧迫面接のつもりだったのでしょうか？ 真偽は不明です。

すでに済んでしまった過去のことをもち出して、反論しようがないだろうという表情で凄んでくる相手には辟易してしまいます。

・マウント行動フォーマットを崩せばいいだけ

そんな彼らの願いはただ1つ。マウントを取りたいだけ。

「マウントをとる」「マウンティング」とは自分が相手より上に立っている、優位にあるとアピールする行為です。自分の地位や学歴、もっているものなどで、人を見下す行為を言います。

もともとは動物の行動を表現する言葉のはずが、人同士のコミュニケーションの中でも使用されるようになりました。

そんな時にはマウントを取り返すことを狙う必要はありません。

マウントは、以下の図式で成り立っています。

① 攻撃者が相手にマウント言動をおこなう

② 相手が怯んだり落ち込んだりする

③ マウント成功

その構図を崩すには②の前提（怯む、落ち込む）を覆してやると良いのです。

「全く問題ないです」「大丈夫です」「問題なかったです」「だから何ですか？」と言い返しましょう。

マウントを取ってくる相手は拍子抜けしてしまいます。

・なぜマウンティングはなくならないのか？

マウントをとる行為は嫌われるとよく知られているのに、なぜマウンティングはなくならないのでしょう？

マウントをとりたがる人の心の中には「劣等感」「快感」の2つのメンタリティーが作用しています。

劣等感が強い人は
・人から見下されるのは嫌だ！
・下の立場に立ったら何をされるかわからない！

という恐怖感と、上の立場にいれば安心でいられるという優越安心感で生きています。

人はマウントを取れた時に承認欲求が満たされます。

承認欲求が満たされると、ドーパミンという神経伝達物質が脳内に放出されて快を感じます。ドーパミンが脳内麻薬と言われるのもそれゆえです。

そのため彼らはマウンティングをやめられなくなるのです。

彼らに劣等感を抱かせ、快感を消し去る方法がこのセリフです。

「全く問題ないです」「大丈夫です」「問題なかったです」「だから何ですか？」

あなたが苦労して手に入れたものを私は手にしていないかもしれないけど、それでも私は十分幸せだし、問題も全くない。大丈夫。そもそもだから何？という態度を貫きましょう。

ソフトな表情で、穏やかな口調で言われると相手はビビります。

マウントして承認欲求を満たすことでしか、自分に自信をもてない連中です。

「はい。大丈夫です。恥ずかしくありません。ところで、御社が○○の最終面接に落ちた人たちが集まるというのはわかりましたが、そもそもなぜ御社はナンバーワンになれないのでしょうか？」

相手のそのマウント姿勢に腹が立ったのと、就職超氷河期と自身の不甲斐なさゆえ、300社近くの面接連戦連敗で「もうどうにでもなれ！」と思い、言いたいことを言ったのです。

こんなことを言ってくる会社なんて落ちてもいいという気持ちもありました。

「いや……えーー、うちも頑張ってるんだ……努力してるんだ……」

人事担当者のギョッとしてしどろもどろになった顔を今でも覚えています。

面白い奴と思われたのか、その会社の面接は通りました。（諸事情でいきませんでしたが……）

8 「そうなんです（かー）」 罵詈雑言に最適

こんな攻撃に対して効果的……「こんなの常識だよ」「馬鹿じゃないの」「誰でもできるよ」

自分の価値観が世界で一番正しいと思っている相手からは、時には耳を疑うような言葉が飛び出してきます。

こんな自分基準で人を下に見てくる相手にはさらっと、この言葉でスルーすることが一番ストレスを溜めずに済みます。

・「こんなの常識だよ」
↓「そうなんですねー。常識なんだー。さ・す・がです！」
・「馬鹿じゃないの」
↓「はい、そうですね。馬鹿です」

・「みんなできるよ、誰でもできるよ」
↓「確かに誰でもできそうですね。できそうです。さ・す・がです！」

ここでの**ポイントは、大人の対応をして「あげている」感を出して伝えること**です。

赤ちゃんは自分基準でしか生きられません。彼らは、お腹が減ったから、さみしいからギャーギャーと泣いてアピールする赤ちゃんと同じです。

いちいち言われた言葉の意味を理解しようとしないことです。


ある時、通っているスポーツクラブで、まさにこの応答のような老夫婦の会話を耳にしました。

男性が妻らしき女性に筋トレマシーンの使い方を教えていました。

男性（夫）「お前はそんなことも知らんのか。（筋肉ウンチク）常識だぞ」「筋肉は……（ウンチク）……こんなの誰でも知ってるぞ」

女性（妻）「へー、常識なんだー」「はいはい、バカですよー。しっかり教えてね」

決して馬鹿にした言い方ではなく「おはよう」に対して「おはよう」、「お疲れ様」に対して「お疲れ様」と挨拶を返すかのごとく返事をしていました。

こんな風に軽く流されると、男性もそれ以上何も言わなくなっていきました。

口の悪いご主人であっても、こんな奥様だからこそ、もめずに一緒にいられるのだなーと感心しました。

まだまだ日本の会社には、家族的な雰囲気の社風が残っている所も多いと思います。

幼児性の残っている相手に対しては、大人の対応をしてあげましょう。

9 「これからです」

結婚、子供などデリケートな話題に

こんな攻撃に対して効果的……「結婚まだ？」「子供まだ？」「彼氏（彼女）まだできないの？」

とくに3K（子供、結婚、彼氏彼女）の話題に答えるのは本当にめんどくさいですよね。

こういうデリケートな質問は、昨今はかなり控えられるようになってきました。

とはいえ、デリカシーのない人ほど、無邪気に聞いてくるものです。

その際は返す言葉よりも表情と声が大切になってきます。第3章のＭＪ型の口の形を作って返事をしましょう。

「これからです」

「明るい未来は見えています」

デリケートな話題だからこそ、明るく言い返すことを選択するのです。

・相手の言動に振り回されない自分を作る

言われたことに対して湧き上がる嫌な感情につられて、嫌な表情と声で伝え返すこともできます。

しかしあくまで本書の目的は、傷つかない自分になること、相手の言動に振り回されない自分になることです。

嫌だなという感情に対して、そこで湧き起こる嫌な感情のまま相手に返事をすることは、相手の期待に応えてしまうことになります。

結局振り回されている自分を自分で容認してしまいます。

笑顔で返事をすることによって「私は今現在もとても充実した毎日を送っていて、さらに明るい未来を受け入れる準備が、すでにできています」というニュアンスを出してみてください。

・自分の感情の主人は自分

この際に、感情を騙して笑顔になんてなれないという方がいらっしゃいます。

しかし、ここでは感情を騙すことはしていません。

自分で自分の感情を選択するために、笑顔を作って、明るい声で言い返すという行為を、自分の意思の力で実現しているのです。

ここには相手にコントロールされている自分は存在しません。

コントロールされていない自分は敗者ではありません。

自分の人生を舵取りできている自立した人間として、誇りをもってほしいと思います。

10 「何をしたらできるようになりますか？」失敗癖を消し去る魔法の言葉

こんな攻撃に対して効果的……「何回同じ失敗するんだ」「同じことを何度も言わせるなよ」

こんなセリフを言われるともう頭がパニックになり、焦って余計にできなくなってしまいますよね。皆さんもそんな経験はありませんか。

私もよく言われました。親に、学校の先生に、部活の先輩や監督に、バイト先で、職場や新しいことを学ぶあらゆる現場で。

私は要領が悪いタイプで、人の3倍〜5倍くらい練習しないと、普通の人に追いつけません。だから1回話を聞いただけでできてしまう人って、本当にすごいなあと思います。

もし本当に、自分が練習不足や準備不足で失敗しているなら、変に言い返そうとせずに、素直に「すみません」「申し訳ありません」と謝っちゃいましょう。

ただ、初めての仕事で勝手がわからない中、すぐにできないことをしつこくねちねち攻撃してくる相手っていますよね。

できなくて焦る人をさらに追い込み、余計に焦らせて失敗させてよろこぶ輩。

そんな時に使える言葉です。


「何をしたらそんな風にできるようになったんですか？」

「どうしたら●●さんみたいにできるようになりますか？」


媚びているみたいで嫌だなあと思う人もいるかもしれません。実際私はこの技を「プチ媚び」と呼んでいます。

ただオドオドしながら使う媚びではなく、戦略的に媚びる。それが「プチ媚び」です。

真面目な人は失敗ややり直しを極端に怖がる傾向があります。

自分の不甲斐なさを感じながら、相手や周りに迷惑をかけているんじゃないかといったように、どんどん心配の種が増えていくのですね。

・自然体でいるとうまくいく

なにごとも真面目に取り組みすぎて上手くいかない人には、特徴があります。

それは初見のことや、慎重さが必要な仕事に向かう時に、どうしても筋肉の緊張が強くなりすぎたり、呼吸が浅くなったり、息が止まったりと、**身体的な緊張が強くなりすぎる**のです。

つまり自然体ではなくなくなるのです。

呼吸が浅いとしっかり酸素を取り込めないから、余計に脳に血液が回らなくなる。脳酸欠になって、パフォーマンスが低下します。

だから同じ失敗を繰り返してしまいます。


そんな自分を相手から責められ、自分で自分のことを「どんくさい」「要領が悪い」と責めてしまって、自信を失うのです。

初めてのことでもリラックスして取り組めたら一番いいのですが、それができない人は、**1回でできるようになろうということは潔く諦めましょう。**

気が楽になります。

それが自然体になれる第一歩です。

リラックスして何回か繰り返すうちに、うまくいくという思考に切り替えましょう。

・言われそうなディスり言葉は予測しておけば傷は半分で済む

「何回やったらできるんだ」とか「何回言わせるんだ」といったセリフは、どうせ言われるんだろうなあと前もって予測しておきましょう。

不意打ちは傷つきますが、予測していると不意打ちよりはショックは小さいです。

そして実際そう言われたら先ほどのセリフを言ってみましょう。

「何をしたらそんな風にできるようになったんですか？」

「どうしたら●●さんみたいにできるようになりますか？」

実は嫌味なことを言ってくる人は、自分自身がその物事に対して一生懸命取り組んできて、失敗したり苦しい思いをしたりしてきています。

だからできない人を見ると、当時のできなかった自分を思い出して、「俺（私）はこんなに頑張ったのにお前はなんで努力しないんだ。昔の俺（私）みたいに」とつい嫌味なことを言ってしまうのですね。

そんなに苦しい思いをしてきたなら、後輩はその苦労をしないように働きかけようという心ある上司や先輩ばかりなら苦労しませんが。

・言葉の力で相手の過去を癒してあげる

だからこそ「どうしたら先輩みたいにすぐできるようになるんですか」というような質問には効果があります。

彼らからしたら、過去の自分の傷をねぎらってもらえたり、癒してもらえたりするような気持ちになるのです。

そうすると意外と親切に教えてくれることがあります。

「そんなこと自分で考えろ！」と言われることもあるかもしれませんが、「はい！　わかりました！」といってトライし、また失敗したら、「ダメです。どうしたら先輩みたいにうまくできますか？」と繰り返してみると、「仕方ないなー」とコツを教えてくれるようになったりします。

最初から応用編としてこちらの言葉を使ってみるのもオッケーですよ。

「みていてください！　次こそ成功させます」
「僕（私）何回も言ってもらわないとダメなんです」
「その言葉言われると気合入ります！」

相手から意外とガッツがあるなとか、打たれ強いななどと認定され、それ以上追及されない可能性は高まります。

11
「もう一度お願いします」
相手をビビらせる最強ワード
嫌味や攻撃に慣れてきた時に使う相手をビビらせるワード①

嫌味全般に対して効くワードを紹介しますね。
このワードを使う狙いは彼らの攻撃力を削ぐことです。
完全に押し込まれてしまう最悪の事態だけは避けることができます。
咄嗟に出したい言葉として優先度Aランクのワードです。

私は中学2年生の下校時にカツアゲにあったことがあります。
2人の男子が私の前に立ち塞がり怒鳴りました。「小遣いくれや!」
怖くて何も言えず黙っていたら、1人が「小遣いくれや」とリピートしてきます。
「なにか言わなきゃ!」とっさに出たのが「なんて？ もう1回言って」でした。

すると2人の態度が急変し、「なんじゃこら、覚えとけよ」と去って行きました。

また、社会人になって保険会社で働いていた時、加害者の代理人として被害者と示談交渉をすることがありました。

「お前今から事務所に乗り込んで●したるからな！（自主規制）覚悟しとけよ！」と大声で怒鳴られることもよくありました。

そんな相手に対しては、上司から教わったセリフ「今のセリフもう1回お願いします。ちゃんとメモしてますよ」と返していました。

「メ、メモまで取る必要はないやろー。シャレやがな、シャレ」と態度がころっと変わりました。

・暗にあなたの要求は受け付けないよというメッセージを送る

「もう1回言ってみて」という言葉は、あなたの言葉を文字通り受け取る意思はありませんよ！という強い拒否を示す言葉であると同時に、あなたのそんな汚い言葉に私は屈しませんよ！という意思を示す言葉でもあるのです。

具体的な反論をする必要はありません。「もう1回言ってと伝える」だけで十分です。

彼らが一番好きなのは何だと思いますか。

それは何も言い返してこないで、素直に要求に応じることです。

言い返せない、弱気になっている相手を見て、自分が優位に立てていることを確認したい、抱えているストレスを解消したい。

その一点で無茶苦茶な要求や脅しをしてきます。

そんな相手のペースに巻き込まれないために、**これは譲れないという要求に対しては、この言葉を使ってみることをおすすめします。**

もちろん命に関わる脅迫などの場合はためらわず、警察や弁護士に相談してください。

12 「そこから先はハラスメントゾーンに突入ですよ」

最悪予告～嫌味や攻撃に慣れてきた時に使う相手をビビらせるワード②

今でこそパワハラ・モラハラという言葉が浸透していますが、それでも私のもとに相談に来られる方は、先輩や上司から「そんなことも知らないの？ 馬鹿じゃないの？」と言われたと訴える方が多いです。

自分が勉強不足だから、自分の頑張りが足りないからと我慢してしまって心が折れ、悔しい思いをされています。

このような場合、たとえ勇気を出して「馬鹿とはなんですか」と返しても「もっと勉強しないとお客さんに失礼だろ」などと反撃されてしまうでしょう。

しかしちょっとしたミスのたびに、威圧的にバカを連発する相手に対しては、一度きちんとこう伝えておきましょう。

相手にとって最悪の状態を予告してあげるのです。

これを「最悪予告」と呼んでいます。

「そこから先はモラハラとしてその言葉を受け取ります」

「これ以上バカと言うなら、私の中でパワハラ認定しますすけどいいですか？」

さらに相手を恐怖に陥れるテクニックがあります。

・笑顔で恐怖を演出する

それが笑顔で伝えるということです。

深刻な内容を笑顔で伝えることは、相手に二重の恐怖感、威圧感を与えます。

浮気がバレてしまった旦那さんが奥さんに怒られると思ってビクビクしている時に、奥さんがにこやかに言うセリフ。

「怒ってないわよ」（笑顔）

奥さん！　とっても怖いです！　って気持ちになりませんか？

何でも受け入れてくれるような笑顔で、「それ以上はあなたにとって最悪の事態になりますよ」という意味の言葉を言ってくるわけですから。

本気で言ってるの？　冗談なの？　と相手は不安になります。

これは心理学でいう「ダブルバインド」という手法です。

笑顔で伝えるには、第3章でお伝えしているMJ型の口の形で伝えましょう。

13 「質問反論」

相手が間違ったことを言っている時に賢く反論する技術

どう考えても相手が間違っている！　反論したいと思うことってありますよね。
でも相手は全然話を聞かない。大声で正当化してくる。
そんな相手には「意見」とか「反論」は無駄なのでやめましょう。
彼らは「意見を聞き入れる＝負ける」と思っています。死んでも受け入れません。

自己肯定感が低い人は、意見されるのを一番嫌がります。意見を受け入れることは恥であり、魂の死を意味しています。彼らにとっては「恥」＝「死」です。
「聞くは一時の恥、聞かぬは一生の恥」ということわざがありますが、彼らの場合は「聞いたら一生の恥、受け入れたら魂の死」なのです。

・プライドを傷つけない「ゆる質問話法」

そんな時は「意見」「反論」は禁止です。「質問」をしましょう。

あたかも、なんにもわかっていない素人をまとって、「おっしゃることは了解しました。さすがです！ところですみません。反対したいわけではありませんが、私の理解が足りない点について1つ、2つ質問してよろしいでしょうか～？」と、こんな感じで聞いてみましょう。

たとえこちらの方がその仕事をよくわかっていて、向こうの方が素人同然でも、素人風をまとう。これがコツです。

「こんなパターンになった時にエラーが起きないかなーって思ったんですけど、大丈夫ですかね～。心配しすぎですかね～」

「大丈夫ですかね～～。心配しすぎですかね～～」

語尾の「～～」のユルいスタンスが大事です。のんびり柔らかい口調で質問してください。

言い返してギャフンと言わせることが目的ではないからです。

敵にならないようにすることも目的の1つですが、最終的な目的は仕事が滞りなく失敗なく完成することですから、言い負かすことに固執してしまうとあなたの価値を下げてしまいます。

争っても無駄な奴にエネルギーを吸い取られるのはやめて、さっさと自分が評価されて、そんな奴より上のポジションにいってしまいましょう。

・言い方のポイントは柔らかさ

「……って大丈夫ですかね!!!」という強い語気で伝えてはいけません。

柔らかい口調で話しましょう。

もちろん信頼できる相手に対してははっきりと伝えて構いません。気持ちいい返事をもらえると思います。

しかし彼らにはそれが通じません。質問に対して答えられないと、「恥をかかせたな!」と余計に目の敵にしてきます。そうなったら余計に面倒です。

こんな言い方も使ってみてください。

「話を聞いていてふと●については▲もありかもと思ったのですが……」

「全体的に素晴らしい内容です!! さすがです!! ところで予算についてはこのままでいっても大丈夫ですよね~。ふと聞いてみたくなって」

素人風をまとう、偶然風をまとう、がポイントです。


しかし、このまま放置しておいたら明らかに損失が出るとか、クレームが来るとか、予測できる時ってありますよね。

そんな時の作戦は2つです。

1つは**メールで伝える**こと。あとでなにか問題が起こった時に「きちんと伝えていた」という証拠を残しておくこと。彼らに罪をなすりつけられることからも逃れられます。

もう1つは**彼らが一目置いている上の立場の人に入ってもらい、進言してもらう**こと。

いずれにしても、質問話法で伝えてみても聞く耳をもたない相手なら、自分に害が及ばないように離れるのがベストです。

14 「褒めモザイク」

すごいでしょアピールをされて意見を求められたら

オレオレ、ワタシワタシ自慢してくる人の相手をするのは面倒ですよね。

ちょっとした自慢話なら可愛いのですが、度がすぎる場合や長々と自慢大会が続くのは疲れてしまいます。

特に仕事が忙しい時に限って自慢話をしてくるのはやめてほしいですよね。


昔、会社員時代の飲み会では過去の自慢話大会があり、大変苦労しました。

「司くん、この部長はこの地区をゼロから営業開拓して、今の実績を築き上げたんだよ。部長がいなかったら今俺たちはここにはいないよー」といったような、自分の自慢だけではなく、上司のおべんちゃらも絡めてくる高度なテクニックの使い手の上司もいました。

こういう場合、調子を合わせられる人は「さすがです！！部長のおかげですー」などノりを合わせられると思いますが、私はお世辞がとっても苦手で、何も言えず固まってしまうことが多かったです。

「へー」「すごいですね」といった薄いリアクションしかできませんでした。

変に頑張ってお世辞を言おうものなら、相手はますます調子に乗って、話が終わらず延々と自慢大会は続きます。

これは飲み会に限ったことでなくて、**自分の劣等感を隠したい人や、自己肯定感が低い人ほど「褒めてほしいちゃん」**です。何かと自慢アピールしてきます。

・承認欲求満たして病

自分をアピって褒めてほしい人たちが求めているものってなんだと思いますか?

それは「承認欲求を満たしてほしい」ということ。

自分が小さい、くだらない、ダメな奴だというのを、心の奥底では彼らが一番わかっています。

ただそれを人にバレたくない、隠しておきたい、自分でそれを認めたくない。

そんな彼らが使える唯一の作戦がアピったり、マウントをとったりすること。

周りの人間に自分の話を聞いてもらえているという実感が、自分という「存在価値」を下げなくてもすむ唯一の「救い」になっています。

ただ褒めてオーラを出してアピってくる上司に対して、褒め言葉を捻り出すのは実にめんどくさいですね。

・褒めるは良薬？ 麻薬？

「褒める」という行為は、良薬にもなるけど、毒にもなります。

相手がやる気になったり、傷ついた心が癒されたりする「褒め」は良薬です。

しかし、低い自尊心を高めるためだけに人に要求、強要する「褒め」は、単なる「依存」「麻薬」です。

「褒め」は中毒になります。もっと褒めて！ もっと褒めて！ になっていきます。

そんな彼らには、まともな感想や意見を言う必要はありません。

「ぼかして伝える」に徹しましょう。「褒めモザイク作戦」です。

「私、感性が鈍くてなんかよくわからないんですけど……でもなんかすごいな！と感じました」

「さすがです！！なんかよくわからないですけど……感動しました！」


「なんだかよくわからないけど、でも……」がポイントです。

「努力をされたからこその成果ですね」などと下手に言ってしまったら、自己肯定感の低い彼らには「お前に俺の努力の何がわかるんだ！」と言われかねません。

「なんだかよくわからないけど」って言っておけば、嫌なツッコミのリスクが減ります。

「褒めモザイク作戦」を使っていたら、もっと褒めてくれる相手を探すために、その場から自然と消えていってくれるはず。

間違っても、自分が褒めて相手が喜んでいる姿を見て、自分も役立てた！と嬉しくなり、お互い離れられなくなる「共依存」になることだけはやめてください。

ミイラ取りがミイラになります！（怖）

15 「順番にやっていきます」
こちらの都合を考えずに仕事を振られたら

こんな攻撃に効果的……「まだなの？」「遅いね」「早くしていつできる！」


ある生徒さんから相談されました。

「『これやっといて』『○○お願いするね』と仕事をポンポン振ってくる上司がいます。こっちも仕事あるのになーと思いつつ仕事なので仕方なく引き受けると、その1時間後くらいから『まだ』『もうできた』『まだできないの』と督促されて参っています。その言葉がなんだか『無能だね』『仕事できないね』と言われているように聞こえてきて、ストレスを溜め込んでいます」。

皆さんなら何て答えますか？

教科書的な答えとしては

「いつまででしょうか？　今Aという仕事とBという仕事を抱えています。それよりも優先して今の仕事に取り組みますか？　それともAとBが終わってからでもいいですか？　それなら仕上がりは2週間後になります」といった感じでしょうか。

私も企業での新入社員へのコミュニケーション研修などで教える際は、このような伝え方を教えています。

でも私のところに来る生徒さんには、これが言えない方が多いのです。

・自分の行動の軸をしっかりもてる言葉をもつ

とにかく仕事を振られたら「言われたらやらないといけない」「でもやらないといけない仕事はたくさんある」「でもそれを言ったら何だか忙しさをアピってる嫌な奴と思われそう」「そもそもそんな仕事を抱え込んで仕事が遅いと思われたらどうしよう」「っていうかこんな忙しいのにそもそも仕事振ってこないで」といったように、脳内独り言が始まり、パニックになるのです。

実際私も会社員時代はこのような反応をしていた1人なので気持ちはよくわかります。

私がその状況から脱出するきっかけとなったのが、行きつけの居酒屋の大将の一言でした。

その言葉を使い出してから余計なプレッシャーから解放されました。


そのお店は美味しさが評判の人気の料理屋さん。お客さんはいつもいっぱい。料理人はご主人お1人。注文はどんどん溜まっていきます。

常連さんはみんな行儀良く待っています。時間がかかるのも、美味しいのもわかっているからです。

しかし、ある時、事情を知らない新規のちょっとガラの悪いお客さんが「料理遅いなー！ まだなんか！」「はよしてーやー、もうだいぶ待ってるで！」と大声で催促しました。

すると、そのご主人は、**笑顔で「はーい。順番に作ってまーす」と答えた**のです。

その一言でみんな黙ってしまいます。

その一言は、**「順番抜かしはダメ！ しませんよ！」「みんな公平に作ってますよ！」「順番**

抜かしをあなたはしようとしているの？」と示唆するパワーワードだったのです。

生徒さんには、「『はーい（笑顔）順番にやらせていただきます』と答えて」とアドバイスしました。すると、「忙しいところごめん！　他のは後回しで至急お願いできる？」「どれくらいかかりそう？　もし忙しいなら他の人に頼むけど」という反応が返ってきたとのこと。

「たった一言の言い返す言葉を使えるようになっただけで、落ち込むクセがかなり減りました。きちんと説明しないといけない！　っていうプレッシャーからも解放されました。ほんと肩の力が抜けました。ありがとうございます！」と嬉しい報告をいただけました。

自分の行動の軸をしっかりもてる言葉をもつことで、心はぶれなくなるのです。

16 「3つの対処法」

相手の言いたいことがよく聞き取れない、わからない時

上司や先輩やお客様が何を言っているのかわからない。聞き取れない。理解できない。そんな時ってありますよね。

そんな時の最悪な答え方としては「エッ」と顔をしかめて聞き返すことです。

露骨にやることはないとは思いますが、これは自分ではなかなか気づきづらい癖なので気をつけましょう。（無謀な頼み事をしてきた場合は除きます。P41拒否の「え?」参照）

「ちゃんと聞いていたの?!」とか「真面目に聞いて!」とか怒られてしまっては、気持ちも落ちてしまいますよね。

そんな時はこの3つの対処法を試してみてください

・上手に聞き直す3つの作戦

1、お詫び&理由付け作戦

一瞬ぼーっとしてしまったり、悩み事があって相手の話を集中して聞けていなかったりした場合は、誠意をもってお詫びしましょう。

言い訳をするなと思う人もいるかもしれませんが、**手短に状況を伝えてみても問題のなさそうな相手ならば、一言言い添えてもいい**でしょう。

「申し訳ないです！ ちょっと今別件でトラブってて気が動転して聞いていませんでした！」「ちょっと今悩み事があって気が散っていました！ もう一度お願いします」

真剣に聞かなければいけない場面などでは使えませんが、お詫びと聞こえなかった理由を伝えることで、不快感を与えづらくする作戦です。

2、部分肯定&教えて作戦

「申し訳ありません ○○のところはよく聞こえたのですが、……の部分が聞き取れなかったのでもう一度教えていただけますか」

聞き取れなかった場合や、周りがうるさくて部分的に聞こえない部分があった際に、**聞こえない部分だけを教えてください、とお願いするのがポイント**です。

相手もその部分だけ聞き取りにくかったんだなと思い、教えてくれます。

3、全く聞こえていない時、何を言ってるか全く理解できない時

「申し訳ありません！もう一度、お願いできますか」と伝えること。

ポイントは、相手に話してほしい「声の大きさ」と「スピード」で伝えることです。

これぐらいの音量とスピードでなければ聞こえないんだなとわかってもらえます。

17 「記憶にないです」

失敗やトラブルの責任を負わされそうになったら

全く身に覚えのないことを責められて、それを渋々受け入れてしまった経験はありませんか？

悪意のある相手なら、責任がないのに押し付けてくることもやりかねないですね。
悪徳代官が罪をでっち上げて犯人に仕立て上げてしまう構図です。
わたしも実は昔、似たような経験があります。

ある雪の降り積もった日の出来事。中学生の司少年の思い出です。
みんなで雪合戦。私も少し参加しましたが、寒くて最初の1分ほど遊んであとは座っていました。すると「パリン！！」私の横でガラスの割れる音がしました。

1人が投げた雪が私が座っていた真横の柔道場の窓ガラスに当たり、割れたのです。朝練をしていた柔道部顧問が出てきて「誰や！」と雄叫びを上げると、グループは蜘蛛の子を散らすように逃げ、私1人ポツンと取り残されました。ポカンとした表情で座っている私を見て顧問は「お前か！コラ！」とゲンコツ。迫力に圧倒された私は一言「すみません」と言ってしまいました。

アメリカの心理学の実験で「他人に強引に責められると、人はそのプレッシャーに耐えられず自分の非を認めてしまう」という実験結果があり、実に69％の人が罪を認めてしまうそうです。

・濡れ衣を着せられる危険性は誰にでもある

たしかに、当時の私は自分に自信がなく人の顔色ばかりを伺って生活し、自己主張するのが苦手な子供でした。

いまもその気質は大きくは変わっていませんが、コミュニケーションや心理学を学ぶことで、罪を被せられるようなことはなくなりました。

しかし、あの時のトラウマは10年くらい残りました。

仕事上でトラブルが起こった時に、自分は全く関与していなくても、何かしら自分に罪があるんじゃないだろうか、罪を着せられるんじゃないだろうか、というわけもわからない罪悪感に似た感覚が生まれて、手汗、脇汗、背汗がじんわりと出てしまうのです。

幸いそのトラウマは消し去ることができましたが、レッスンをしていると私と同じような目にあってきた方とよく遭遇します。


対処法をお伝えしますね。

確実にやっていないと確信できる場合は「絶対に私ではありません！」とキッパリと主張することです。

・言い方のコツは笑顔と足裏

コツは笑顔でさらりと伝えること。

1、笑顔を作る

2、伝えたい言葉を心の中で一度ゆっくりと唱える
「わ・た・し・で・は・あ・り・ま・せ・ん」

「き・お・く・に・あ・り・ま・せ・ん」
3、2で唱えた言葉を心の中で唱えたスピードで伝えましょう

時には自分も何かしら関係があると思われる案件もあるかもしれません。

そんな時も確信がないなら一言「全く記憶にありません」と伝えましょう。

大声で迫ってきたり、威嚇されたりしても「記憶にありません」を繰り返してください。


もし笑顔を作るのが難しいと思う時は、足裏を意識します。
1、足裏で体重を感じながら
2、伝えたい言葉を心の中で一度ゆっくりと唱える
「わ・た・し・で・は・あ・り・ま・せ・ん」

「き・お・く・に・あ・り・ま・せ・ん」

3、口からではなく、足裏から声が出ていくつもりで相手に伝えましょう

この方法は、あがり症や人見知りで、人と話す時に緊張して声が出なくなったり、声がうわずってしまったりする方に向けて、ボイストレーニングでお伝えするテクニックです。浮き足立つ感覚が消えて「腹がすわった感覚」が身につきます。

わ・た・し・で・は・
あ・り・ま・せ・ん
き・お・く・に・
あ・り・ま・せ・ん
POINT
笑顔を
つくる
POINT
心の中で
唱える
POINT
足裏で
体重を感じる

18 「良かれと思って言ってくれるのは嬉しいですが」
邪魔やおせっかいに

おせっかいで何かと仕事に口を挟んでくる上司や、過剰な心配から何から何まで横槍を入れてくる親。

それらに対してさらりとスムーズに受け流す言い方をご紹介します。

・攻撃してくる相手の心理

攻撃してくる相手は、何を思って邪魔をしてくるのでしょうか？

動機について考えてみると、1つは**単に嫌がらせをしたいという理由**から。自分の中のストレスや自己否定感を解消したくてやっているパターンです。

もう1つは、**自分が言うことは正義だと信じていて、相手のためを思ってという理由**から。

「良かれと思って……」の気持ちで言ってくるパターンです。

1つ目は憎悪や嫌悪感からきていることが多いですが、2つ目は愛情（歪んだ愛情）からきていることが多いです。

どちらのパターンで来られてもめんどくさく厄介です。

攻撃目的で言ってくるのも嫌ですが、あなたがトラブルに巻き込まれないように「善の心で言っている！」と本人が信じ込んでいる場合、こちらが拒めば拒むほど、なぜわかってくれないの！とますます意固地になって、望まない言動をさらに続けてくるのです。

・どうしてくれたら嬉しいかを伝えて、喜ぶ

いずれの場合も、まずは相手の気持ちを受け止める一言を伝えましょう。

「●●さんが良かれと思って言ってくれているのは、とっても嬉しいです」

そして、

「次は●●という言い方をしてくれたら、私はもっと嬉しいです！」

「そんな時は、●●と言ってくれたらもっと頑張れます」

と伝えてみましょう。

例えば上司から、

「焦るから失敗するんだ！　焦らないようにしないとダメだよ」と言われた場合。

急かされてドギマギしてしまうケースでも
「良かれと思っておっしゃっていただいてとっても嬉しいです。ありがとうございます。

次は『リラックスしてやればできるよ！』と言ってもらえたらもっと嬉しいです」

と伝えてみましょう。

・禁止命令で自由を奪われてきた相手の過去を癒してあげる

相手に対して「〜しないように」と禁止を要求して自分の言うことを聞かせることを「否定命令」と呼びます。

こちら側も相手に対して「そんな言い方しないでください」と禁止を求めることもできますが、あえてしません。

「●●な言い方をしてくれたらもっと嬉しい！」という言葉で伝えてみてください。

攻撃してくる相手は何かを要求されるのが嫌いな人種です。自分がやられて嫌なことを相手にしてきます。

彼らは過去に「禁止命令」で攻撃されてきた過去をもっています。嫌な思いをした記憶から、相手を痛めつけるにはこの言い方が効くと知っているのです。

彼らがよく使う手口を使ったら同類です。こちらはあえてその作戦を取りません。

今回のケースでも相手は「焦らないようにしろ」と否定命令で伝えてきています。

・頑張った相手には笑顔の報酬をプレゼント

そこで私たちはあえて否定命令を使わずに、自分はこうしてくれたらもっと嬉しい、もっと幸せに感じるという「具体的な要望」を相手に示すのです。

そしてもし、相手がその要望に少しでも叶うような言動をしてきた時は、笑顔で「そう言っていただけてとっても嬉しいです！ありがとうございます！！」と答えましょう。

嬉しい表情を見せるあなたをみて、相手が少なからず快の感情を抱いてくれたら、こちらの勝ちです。

笑顔は相手の最高の報酬になるのです。

相手の行動を変えることさえできれば、こちらは勝ちだからです。

また、とにかく何も言ってほしくない、ほっといてほしいという時もあるでしょう。
そんな時は
「良かれと思って色々言ってくださること、とっても嬉しいです。次は一旦、半日は見守っていただけたらもっと嬉しいです」
と伝てみるのもありです。

もちろん、半日も黙って見守ってくれないかもしれませんが、今までより少しでも静観してくれたらこちらの勝ちです。

今回の言い方も少しハードルが高いかもしれませんが、試してみてください。

19 「それだけですか？ もういいですか？」

何度も同じ指摘をしてくる相手に

わたしたちは「無表情」な人間の顔に対して「畏怖」を感じます。
これはアメリカの心理学の実験でも明らかになっています。

この実験では、雑誌広告掲載のモデルの写真を「笑顔」のグループ、「微笑み」のグループ、さらには「無表情」のグループに分類し、どのグループのモデルが強そうに見えるかを測定しました。すると、無表情のグループのモデルが一番強そうに見えたという実験結果となりました。

これは**「無表情」を意識的に作り出して活用することで、相手に対して「強さ」や「畏怖」を感じさせる戦術として、活用できる**ということです。

・無表情で相手に冷たく言い放つスキル「コールド・フェイス」

相手から攻撃されて何も言えなくなってしまった、茫然自失状態の無表情ではなく、意識して作った「冷たい無表情」で相手に応対することで、相手の中に畏怖の感情を引き起こす作戦です。

「冷たい無表情」を活用することで「何を考えているかわからない怖さ」を演出し、一筋縄ではいかない、なめられない存在になるのです。

ただそれだけでは攻撃が終わらないこともあるでしょう。

「何黙ってんの！ なんとか言えよ！」

相手はその畏怖に対抗するため、こんな言葉を投げかけてくる可能性もあります。

そんな時は一言

「言いたいことは以上でいいですか？ これで全部ですか？」

と、先ほど作った無表情のまま伝えましょう。

・相手が攻撃してくるシステムを理解しよう

相手が攻撃してくるシステムやプロセスを分解して考えてみましょう。

1、相手があなたを発見する（「発見」）
2、攻撃ツッコミポイントを見つける（行動のためのきっかけや動機が「誕生」）
3、相手があなたに攻撃的な言動をおこなう（「行動」）
4、あなたの表情が変化したり（ビビリや恐れや悲しい表情）弱々しい発言をしたりする（期待した反応を「獲得」）
5、その反応を見て「嬉しい」「満足」といった感情が芽生える（「報酬」をゲット）

こうした「発見」「誕生」「行動」「獲得」「報酬」のプロセスになっています。

このプロセスが相手にとっての成功パターンだとすると、**これを崩すには、それぞれのステージにおいて、相手の成功パターンが成立しない行動をとる必要があります。**

1の場面の対処法

・相手に発見されないようにする。

例えば昼食時の食堂で相手と遭遇する機会が多ければ、相手が現れる時間帯に食堂には行かない。

相手からコソコソ逃げている自分は弱い人間だと卑下する必要はありません。**闘いになることを能動的に避ける戦術をとっている**と考えてみてください。

2の場面の対処法

・相手が喜ぶツッコミポイントを見せる機会を摘む。

例えば姿勢。猫背の弱々しそうな姿勢で立つ、歩く、座るのを避けて、第1章で紹介した堂々と見える姿勢で過ごす。

「頼んだ仕事まだ終わらないの!」が口癖の上司には、仕事の締め切りまで余裕があったとしても「今、7割まで進んでいて明後日には仕上がります」など、こちらから先手を打って伝えておく。

3の場面の対処法

1と2のプロセスで打てる行動を打っていたら、3の「行動」が引き起こされる可能性は下がります。

しかしそれでも何かしら粗探しをしてくるのが相手の厄介なところです。

そこで今回のポイントである「無表情」です。

4の場面の対処法

攻撃的な言動に対して、相手が望んでいるあなたの表情「恐怖、不安、悲しみ」をあえて見せないようにします。

「無表情」という名の表情を作って相手に見せましょう。

相手は、期待していた成果を得ることができない戸惑いと、あなたが能動的に作り上げた「無表情」が作り出す「畏怖」によって、軽い混乱状態になります。

結果、いつもの5ステップで得られていた満足を得られなくなります。

同じようなシチュエーションがまためぐってきても、「また同じパターンに陥るのではないか、ちょっと今回は攻撃をやめてみようかな」という思考に変わっていき、攻撃の手が徐々に弱まっていくはずです。

・伝え方の注意点

無表情のまま「それだけですか？ もういいですか？」「言いたいことは以上でいいですか？ これで全部ですか」と伝えましょう。

もし余裕を演出したい時は、無表情でその言葉を発した後に、ニコッと笑顔になりましょう。

強さや畏怖を演出したい時は、無表情のまま3秒キープしてみましょう。まばたきはせずに伝えることがポイントです。

無表情で相手に冷たく言い放つスキル「コールド・フェイス」。

人によっては難しいと感じるとは思いますが、最終的には身につけてほしい戦術です。

20 「仮に申し上げるなら……」

急に話を振られて答えられない時の応急処置

いきなり質問を振られ、答えに困ったことはありませんか？

焦ってしまい、頭に答えが思い浮かばない場合に使える便利な言葉をご紹介します。

それが**「仮に申し上げるなら……」**です。

・ダメージを減らしつつ、無能に見せない答え方

あくまで仮に答えを伝えるので、間違っていたとしてもダメージは少なくなります。

ここでの注意点は黙り込まないこと。

黙り込んでしまうと、相手もイライラし始めますし、怒っている様子を見て、ますますこちらは焦ってしまい、答えが思い浮かばなくなります。

「うまくいくって、単に希望的観測だよね。何か根拠はあるの？」

と言われて、明確な根拠をすぐに出せない場合。

「申し訳ありません。明確な根拠は今すぐには出せません。ただ、**仮に**前回使用したシステムを転用できるならば、成功の可能性はかなり高くなります」

「絶対できると言えないのですが」「わかりません」で終わったら、「ちょっとは考えろよ」とまた嫌なツッコミを入れられてしまいます。

全く知らない言葉を聞かれた際も、「わかりません」と終わるよりも、「お時間を頂戴できる**なら**、休憩時間にお調べしてお答えします」と答えるのがよいでしょう。

「仮に」という言葉を使うだけで、未知のことを聞かれる恐怖感が和らぎ、そこで話が終わっていたものが、次の展開に話が進んでいく楽しみも生まれてきます。

3rd Round

ポーカーボイス

「気の弱さ」や「ビビり」を
悟られない声を身につけよう

ポーカーボイスとは何か

▶動画あり

https://tsukasataku.com/blog/douga-pal-pub/

言い返す言葉を指南する本は書店に並んでいますが、どんな言葉で言い返すかに主眼が置かれていて、どう言い返すかを教えている本は少ないです。

・「自信なさげな声」が攻撃を引き寄せる

攻撃してくる人がいじめ対象を決める要素のひとつ。それが声です。**攻撃しても問題ないということを声から判断しています。**

こいつは反撃してこない。軽くあしらってもいい。だからターゲットはお前にしよう。

攻撃する人はそんな思考をもっているのです。

もちろん攻撃してくる相手が100％悪いのは確かですが、彼らにはそんな理屈はありません。攻撃できそうな相手がいたから攻撃したというのが相手の理屈です。

・声で弱みを見せてはいけない

攻撃されやすい、なめられる、軽んじられる、いじられる、ないがしろにされる。

そんな悩みを抱えている方はぜひ**「ポーカーボイス」**を身につけてください。

「ポーカーボイス」という聞きなれない単語について、ちょっとだけ説明させてください。

みなさんは、「ポーカーフェイス」という言葉をご存知かと思います。これは、ゲームのポーカーなどでよく使われる、目の前の相手に自分の感情を一切悟らせない表情のことです。何を言われても、どんな状況であっても感情を隠し続けるため、誰にもその人の考えていることや心理状態を理解することはできません。

・「不安や恐怖を相手に悟られない声の出し方」ポーカーボイス

ポーカーボイスも、まさにこれと同じ考え方です。

いわば**「不安や恐怖を相手に悟られない声の出し方」**。

人間の声や話し方は、表情と同じく、その人自身のパーソナリティや心理状態、自信の有無を表す鏡のようなもの。

何もとりつくろわずに、「素」のままの声や話し方で他人と接していれば、あなたの心理状態は、対面している相手に筒抜けになってしまいます。

ポーカーボイスを使ってあなたの不安や恐怖を隠す「声」「話し方」を装うことで、自分の感情や思いを、相手に悟らせないようにすることができるのです。

・ポーカーボイス習得のための5つのステップ

1、口の形で「余裕感」と「威圧感」を演出する声を作る「MJ型」と「NHK型」
相手に自信と余裕を感じさせる声で話せるようになる「MJ型」と、相手に信頼感や真摯さ、威圧を感じさせる声で話せるようになる「NHK型」ついてご紹介します。

2、「恐怖で一言目が出なくなる、声が震える」を改善する「喉締まり解放術」

喉の詰まりを取って一言目が出やすくなるための対処法、滑舌が悪いのを馬鹿にされなくなるトレーニング法をご紹介します。

3、相手の迫力に負けない「圧のある声」を作る「簡単腹式発声法」

自律神経を整え、腹が座った状態を作る腹式発声のトレーニング法「腹ポコ運動」をご紹介します。

4、「ビビリを感じさせない軽やかな声」を作る「にゃにゃにゃ発声法」

声帯の筋肉を鍛えることで、通る声が出せるようになる「にゃにゃにゃ発声法」をご紹介します。

5、言いたいことがはっきり言えるようになる「あご緊張リリース」

あごを正しい位置に戻し、発声しやすい口とあごを作るためのストレッチ「あうあう体操」をご紹介します。

次のページから順番に見ていきましょう。

1 口の形で「余裕感」と「威圧感」を演出する声を作る「MJ型」と「NHK型」

▶動画あり

https://tsukasataku.com/blog/douga-pal-pub/

ここでは、相手からの攻撃に対して、「余裕感」を醸し出せる口の形と、「威圧感」を演出することができる口の形を説明していきます。

その前に、あなたは話し方の本やボイストレーニングの本を読んだことはあるでしょうか。

その中に、いい声で話すには、「あいうえお」の口の形についてイラストのような説明をしている本がほとんどです。

これを「従来型」とよんでいます。

解説

「あ」・・・口を縦に大きく開く。指が縦に3本入るイメージ

「い」・・・口角を横に引っ張って発音する

「う」・・・口を前に軽く突き出して発音する
「え」・・・口を開いて横に引っ張りながら発音する
「お」・・・口を前に軽く突き出して発音する。舌は「う」よりやや奥になる

概ねどの本もこのように説明しているかと思います。
しかし、もし実際にこの口の形で全ての言葉を話そうとした場合はとても大変です。
作らないといけない口の形のパターンが5パターンもあるからです。

それを正確に再現するのはとても難しいです。

ましてや、攻撃してくる相手に対して不安や恐怖を感じている時には、口の周りの筋肉も緊張して硬くなっているので、ますます困難になります。

その結果、声が震えてしまったり、滑舌が悪くなって噛んでしまったり、声がそもそも出なくなってしまったりします。

そういった**緊張や不安の中でも、相手からの言葉に対してスムーズに言い返すための、「言い返しやすい口の形」というものがある**のです。

・相手に自信と余裕を感じさせる声で話せるようになる「MJ型」

これが最初にご紹介するMJ型という口の形です。

解説
「あ」・・・「い」を発音する時と同じように口を横に引っ張り、わずかに口が縦に開く
「い」・・・口角を横に引っ張って発音する
「う」・・・口角を横に引っ張って発音する、もしくは、口を前に突き出して発音する

「え」・・・「い」を発音する時と同じように口を横に引っ張る
「お」・・・口を軽く前に突き出して発音する

ちなみにＭＪ型のＭＪとは、民放「Ｍ」の女子アナウンサー「Ｊ」さんがバラエティーなどで司会をされる際に話されている口の形から命名しました。

民放の女子アナウンサーさんは何千、何万倍もの倍率の入社試験を通過してきた、いわば「好印象の天才」の方々です。常に笑顔で、明るい気持ちにさせてくれる存在です。

彼女たちが話している時の口の形は常に逆三角形で、上の歯が全て見える形になっています。

この口の形で話すと、自然に目尻が下がり、笑顔で話しているような表情にもなります。これが相手に好印象をもってもらえるだけでなく、相手にも周りの人にも「余裕」を感じさせる話し方になるのです。

笑顔で話せている相手に対して、人は「余裕」や「自信」を感じます。

自信があるから、笑顔で話せるわけではありません。

笑顔で話しているから、たとえ心の中が恐怖と緊張でいっぱいであっても、相手からの攻撃に屈しない人として外部の人から見られるのです。

それがポーカーボイスです。

MJ型の口から発せられる声の印象＝声質は「明るく通る声」になります。

ハキハキとして、自信と高いエネルギーを感じさせる声になります。

相手は攻撃してもこの笑顔で返事をされたら拍子抜けしてしまいます。

その悪意の牙が削がれてしまうのです。

・「相手に信頼感や真摯さ、威圧」を感じさせる声「ＮＨＫ型」

もちろん民放の女子アナウンサーさんは、常に笑顔で話しているわけではありません。ニュースを読む際は口の形がまた変わります。

特に笑顔では伝えられないような暗めのニュースの場合、ＭＪ型の口の形で原稿を読んでしまうと、不謹慎と捉えられてしまいます。

そのため、相手に「信頼」「真摯さ」を伝えたい時には、口の形はまた変化します。

それが次に説明する「ＮＨＫ型」の口の形です。

ＮＨＫのテレビと聞いて皆さんはどんな印象をおもちでしょうか。信頼や安心をイメージされる方が多いかと思います。

ＮＨＫのアナウンサーさんがニュース原稿を読む際の口の開け方から名付けたのが「ＮＨＫ型」の口の形です。

先に誤解のないようにお伝えしますが、この口の形はNHKに限りません。ニュースを読むアナウンサーさんはこの口の形で読まれていることが多いです。

またMJ＝民放女子アナウンサーさんと書いていますが、これは民放の男性アナウンサーさんも同様です。さらに、NHKでもバラエティーで司会をされるアナウンサーは、男性、女性を問わず、MJ型でお話をされることが多いです。

それではNHK型の口の形を解説していきましょう。

・「NHK型」の声を作る口の形の作り方

解説

「あ」・・・口を縦に開く。「あっ！」と何かに気づいたり、軽く驚いたりした時に声が出る時の口の大きさ。従来型指3本の1／3程度の大きさ

「い」・・・唇はほとんど横に開かず、「あ」の口幅で発する。口の中の空間は狭くなる

「う」・・・「い」の口の形から唇をやや丸めて音を発する。
口先を尖らせすぎないようにする

「え」・・・「あ」と同じ口の形で発音する。自然と舌の根本がもち上がるイメージ。
横に大きく引っ張らない

「お」・・・「う」の音をベースに下あごを下げるイメージ。
「う」より口の中の空間は広くなる

ＮＨＫ型は、大きく口を縦に開いたり、口角を横に引っ張ったりすることはありません。どちらかというと口は小さく開けて音を発するイメージです。ＭＪ型に比べて落ち着き感のある低めの声になります。

また、この伝え方で目が笑わず、無表情で伝えると威圧感を相手に与える声になります。

練習方法

発音の練習は、あ↓え↓い↓う↓お　の順番で発音練習します。

「あ」から「え」に移行する時は、「あ」の口の形をキープしたまま「え」と発音

「い」から「う」に移行する時は、「い」の口の形からやや唇を丸めて「う」

「う」から「お」に移行する時は、「う」の口からや下あごを下げるイメージで発音

毎日１～２分程度でいいので、繰り返し練習してみましょう。

2 「恐怖で一言目が出なくなる、声が震える」を改善する「喉締まり解放術」

▶動画あり

https://tsukasataku.com/blog/douga-pal-pub/

日常的に声が出にくい。喉が閉まった感じがある。

声が出にくい症状を引き起こしているのは、実は舌です。

最近スクールには、ドクターから痙攣性発声障害、過緊張性発声障害と診断されてボイストレーニングを勧められ、受講を決めましたとおっしゃる方が増えています。

過緊張性の発声障害や痙攣性発声障害は、医師の診察を受けても、声帯に異常が見つからず、ストレスをためないように程度のアドバイスしかなかったとのことでした。

声の詰まり、声の震えの原因となる症状についてご紹介します。

痙攣性発声障害

声を出す時に、左右の声帯が閉まりすぎてしまいます。

その結果、息を吐くことができず、詰まった声、苦しそうな声になります。

過緊張性発声障害

舌や喉の筋肉が緊張してしまうことで声が詰まる症状が出ます。
息苦しいというよりは、いきんだ声になります。

日々言い返せないストレスを抱えている方は、一言目が出ないと訴える方が非常に多く、そんな方には以下のチェックをしていただいています。

1、鏡を見ながら、出しやすい高さの声で〝アー〟と発声してみましょう。
2、口の中の舌の状態を確認してみましょう。
・口蓋垂（のどちんこ）が全部見えていれば正常ですが、口蓋垂（のどちんこ）が全然見えないか、少ししか見えなくなっていませんか？
・舌に力が入り、震えていたり、巻き舌になったりしていませんか？
・舌が「下の歯の裏」から離れ、喉の方に向かって引っ込んでいませんか？

・発声時、肩が上がる、反動をつけないと声が出ないなどの症状はありませんか？
・首・肩の緊張感が強くありませんか？

チェックをしてみて、２つ以上当てはまるものがあれば要注意です。

正しい舌のポジションは、舌がリラックスした状態で、下の歯の裏の歯茎の部分に軽く触れている状態です。

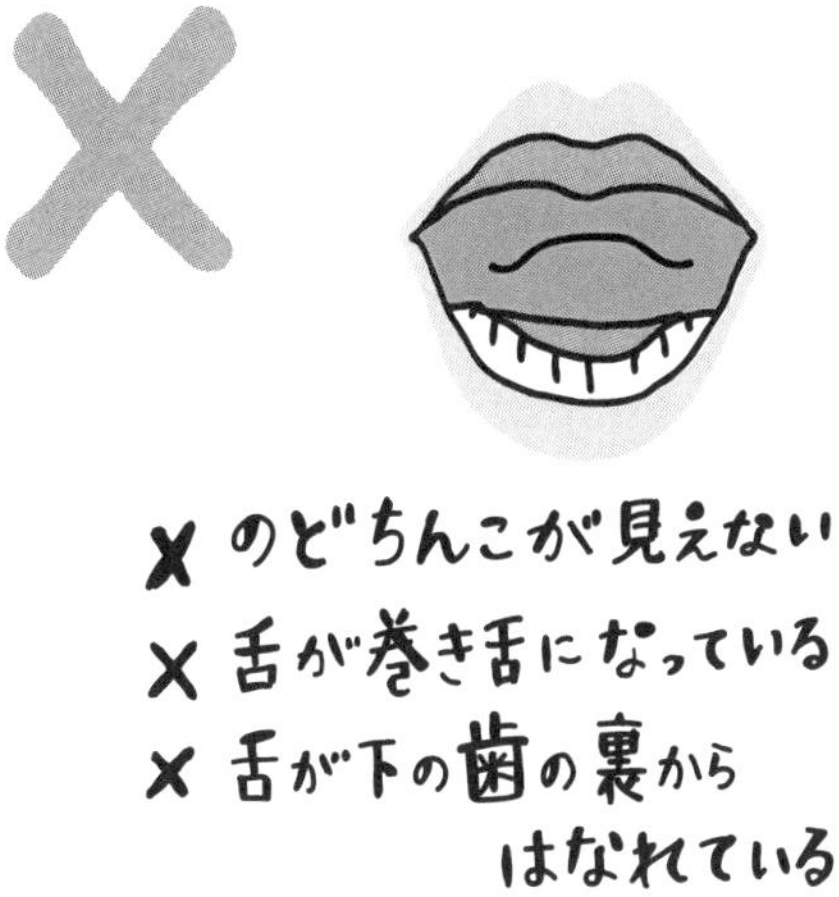
×のどちんこが見えない
×舌が巻き舌になっている
×舌が下の歯の裏からはなれている

○下の歯の裏の歯茎に舌が軽く当たる

・喉の詰まりを取って、一言目が出やすくなるための対処法

発声時の喉の詰まりを軽減するトレーニングをご紹介します。

1、準備……口を軽く開き、舌先を下の歯の上にのせます。

2、息を吸う……肩が上がらないように注意しながら、肺にたくさん息を取り込みます。胸、お腹、背中、脇腹まで息が入っていくイメージをしてみましょう。

3、息だけため息……そのまま、大きく「ハァーっ」と〝ため息〟をついてみましょう。ため息は体をリラックスさせる効果があり、舌の緊張も取り除いてくれます。〝ハァー〟という〝ため息〟の際に出る音は、息の音だけでオッケーです。3回おこないます。

4、声付きため息……次に、声が自然と出てしまうようなため息をついてみてください。大きく息を吸った後に、大きく「ハァーっ」と〝ため息〟をつきます。この時、声も一緒に出ていくイメージです。3回おこないます。

この練習の目的は、**舌が脱力した状態で声を出す感覚を脳に覚えてもらうこと**です。声の詰まりや、震え、途切れ途切れにしか声が出ないなど、舌の緊張が原因で発生する症状を緩和してくれます。

喉の詰まりを取るトレーニング
① 舌先を下の歯の上にのせる
② 息を吸う
胸、お腹、背中脇腹まで息が入っていくイメージ
③ 「ハアー」息だけ×3回
④ 「ハアー」自然に声が出るため息×3回

・滑舌が悪いのを馬鹿にされなくなるトレーニング法

「滑舌が悪いね」「肝心な時によく噛むね」と言われたことはありませんか？

滑舌が悪いのが気になると、言い返す時に躊躇してしまいますよね。

ここでは、滑舌が悪いのを馬鹿にされなくなるトレーニング法をお伝えします。


舌の筋肉は本来なら、３６０度自由自在に動きます。

ただ舌の筋肉の動きがギクシャクしていると、声はクリアに聞こえず、滑舌の悪い話し方になります。

滑舌の悪さを指摘された時、そのストレスは舌に伝わり、舌は緊張し、硬くなります。改善のために早口言葉を練習する人もいますが、効果的な解決策ではありません。

舌緊張ストレスは、筋肉に記憶されます。もともと緊張しやすい人が、緊張してかたくなった舌先に意識を集中させて早口言葉の練習を繰り返すと、舌を緊張させて声を出す癖がついてしまいます。


スムーズに話すためには舌をリラックスさせなければいけません。

話す際は、いちいち舌の動きを意識しないことが大切です。舌を動かす時の意識を変えてみましょう。具体的には、**舌先を動かして話そうとするのではなく、舌の根元までを意識し、舌全体を使って話すことを心がけてほしい**のです。

そうすることで、焦った印象の話し方でなく、落ち着いた印象の話し方になります。

イラストのAの範囲だけを動かすのではなく、Bのように広範囲に渡って動かす意識をもって話してみてください。滑舌よく話せるのが理解できるはずです。

舌をリラックスさせよう
B
A
✕A 舌先のみ動かす
〇B 舌の根本から全体を動かす意識をもって話す

3 相手の迫力に負けない「圧のある声」を作る「簡単腹式発声法」

▶動画あり

https://tsukasataku.com/blog/douga-pal-pub/

力強い大きな声を出すには、横隔膜を使って息を吐き切ることが必要です。

しかし小さい声で話すことに慣れ切ってしまっている方は、横隔膜の動きが鈍化して使えない状態になっています。

「腹ポコ運動」は横隔膜を強制的に刺激し、腹式発声が簡単にできるようになる運動です。出したい音量を自由自在にコントロールできるようになります。

1、片手で握りこぶしを軽く握り、口の少し下に置きます。

2、鼻から息を吸い、1の手で作った穴の中に、勢いよく口から息をフッ！と5回吐き出します。

3、「フッ」1回につき1秒ほどのペースで、「フッ！フッ！フッ！フッ！フーーー！」

を1セットでおこないます。

4、息を吐く時に、横隔膜まわりの筋肉（みぞおち辺り）が前に押されていることを確認してください。

5、風船を膨らませる要領で、3セット繰り返してください。実際に風船を使ってもOKです。

腹ポコ運動
1
ぎゅっ
2
すーっ
3
吐く時、みぞおちまわりの筋肉が「ポコッ」と押されているかチェック。
フッ！
フッ！
フッ！
フッ！
フーッ
「フッ！」は1回につき1秒のペースで
3セット繰り返す

・心身の健康をもたらす腹式発声法

腹式発声法でのボイトレは心身を健康に導いてくれます。

実際に、レッスンを受講された方からも「風邪を引きにくくなった」「鬱の症状が楽になった」「イライラが減った」という報告を頂いています。

秘密は自律神経です。

自律神経は、血流をコントロールする役割を担っています。血流が良くなると、免疫力がアップし、身体の調子が整います。

自律神経は、「交感神経」と「副交感神経」に分けられます。

交感神経は、血管を収縮させ、血圧を上げる働きをもっていますが、交感神経が優位になりすぎると、緊張や興奮状態を導きます。副交感神経は、血管を緩ませ、血圧を低下させる働きをもっており、副交感神経が優位に働くとリラックス状態を導きます。

自律神経は、交感神経と副交感神経のバランスが大切です。

特に攻撃を受けやすい人は、緊張、不安、怒りなどストレスフルな環境の中で、交感神経優位の生活を送っていて、副交感神経のレベルが下がっている方が非常に多いのです。

そんな状態ではリラックスできず、ドギマギしたビビリの状態で過ごすことになります。

ボイトレは、腹式での発声を繰り返しおこなうことで、副交感神経を優位に働かせることができます。

交感神経の暴走を抑え、自律神経のバランスを整えてくれるのです。

自律神経が整った状態というのは、焦りや不安のレベルが下がって、心に落ち着きがある状態です。

いわゆる腹が座った状態を作ることができるのです。

そしてこの状態で発せられた声は、不安やビビリを感じさせない「腹が座った威圧感を感じさせる響きのある声」になるので、無用な攻撃を受けることが少なくなります。

4 「ビビリを感じさせない軽やかな通る声」を作る「にゃにゃにゃ発声法」

▶動画あり

https://tsukasataku.com/blog/douga-pal-pub/

ここでは、声帯の筋肉を鍛えることで、声全般の音の「こもり」が良くなり、通る声が出せるようになる「にゃにゃにゃ発声法」をご紹介します。

高い声でこの発声をおこなうことで、高い声を出す声帯の筋トレもできます。

また、喉が開く感覚も身につきます。鼻声のこもった声も改善できます。

1、可能な限り高い声で、裏声っぽく「ニャ」と出します。「ニャ」と高音を発声することで、自然と舌の形がお椀型になります。

2、口角を上げ、あごを下に落としながら発声します。

練習1

次の例文を、自分の出せる最も高い声で音読してみてください。（名前はご自分の名前でかまいません）

こんにちは。わたしのなまえは、（つかさたくや）です。

「ニャ」を5回言った後に、名前を読みます。

ニャニャニャニャニャこんにちは
ニャニャニャニャニャわたしのなまえは
ニャニャニャニャニャつかさ
ニャニャニャニャニャたくやです
5つ目のニャを言った後は継ぎ目なくすぐに言葉を言います。

練習2

先ほどの1で作った声の高さの感覚、喉の奥の感覚を維持したまま、次の例文を読みます。

こんにちは
わたしの
なまえは
つかさたくやです

にゃにゃにゃ発声法
ニャニャニャニャ こんにちは
ニャニャニャニャニャ わたしのなまえは
可能な限り高い声で!
ニャニャニャニャ つかさ
ニャニャニャニャニャ たくやです
↑
自分の名前を入れてみよう!!

5 言いたいことがはっきり言えるようになる「あご緊張リリース」

▶動画あり

https://tsukasataku.com/blog/douga-pal-pub/

ものを言いたくても言えない。言おうとするとあご周りの筋肉が緊張して、重く硬くなって、口が開けなくなる。

そんな経験はありませんか？

言いたいことをぐっと我慢する癖があると、奥歯にグッと力が加わります。**ストレスが強い状況下では、咀嚼筋の活動が増し、強くかみしめてしまう傾向にあり、それが続くと口そのものが開きづらくなります。**

言いたいことをはっきりと伝えたいのに、口が開かない状態になるのです。

ここでご紹介するあごの緊張を取るストレッチでは、言いたいことを言おうとする時に感じる、口が開きづらいという症状を改善し、心に抱いた言葉をスムーズに表現できるようになります。

あごを正しい位置に戻し、発声しやすい口とあごを作るためのストレッチ「あうあう体操」をご紹介します。

1、両耳の後ろのあたりを、両手中指で押さえます。その際、右耳は右手、左耳は左手で押さえ、顔を押し上げてください。
2、上を向いてしゃべる感じで「あうあう」と10秒間発声します。
3、次に、耳を押さえていた指をはずし、あごを引きます。その状態で、また「あうあう」と発声してみてください。

いかがでしょうか？　声が出る場所が、1回目に「あうあう」と発声した時と、変わったのがわかるかと思います。

このストレッチを実践すると、あごが柔らかくなり、スムーズに声が出せるようになるはずです。

あうあう体操

1
2
両耳の後ろのくぼみを中指でおさえる
3
あうあう
中指を下から突き上げるように
4
あうあう
押さえていた中指をはずす

心を閉じる、あきらめると声の機能は退化する

もともと自分の声や話し方にコンプレックスがある人は、他人に何かを伝える時、毎回とても不安になってしまいがちです。

相手が信用できる人であったとしても、「否定されるのではないか」と考えると、怖くて話せなくなってしまうことがあります。

そうなると、話すことがおっくうになり、自分から口を開くことがなくなってしまいます。

なかには、話すことが怖くなってしまい、黙りこんでしまう人もいます。

・声の機能は放置すると退化する

実は日常的に声を出していないと、声の機能はどんどん退化します。

機能が退化すれば、当然、声を出す時に以前よりも苦労することになります。

さらに相手からの攻撃がきつくて、心を閉じてあきらめモードになると、ますます話さなくなり、どんどん声を出すという機能が退化していきます。

大切なのは、この悪循環の流れを断つこと。

そのためにも、まずは少しだけ、声を出してみる。**ほんの少しでもいいので、「伝える」という行為を続けてみると、人と接することの恐怖感や苦手意識は弱まります。**


本書では、他人に緊張が伝わらない「声」や「話し方」の習得法を解説していますが、一方で、**忘れてはならないのが「心」のもち方です。**

多くの場合は、声や話し方だけに問題があるというよりは、「自分に自信がない」という意識が大きく影響しています。

極端な話ですが、自分に自信がある人は、誰に習うわけではなくても、声も大きくて、話し方も堂々としていることが多いです。

とはいえ、いきなり「自分に自信をもて！」と言われても、多くの人は困ってしまうでしょう。なぜなら、自分の性格や意識は一朝一夕で変えられるものではないからです。

でも、**声や話し方を変えることで、「自分に自信があるように見せかけること」は可能**です。

仮に、内心はドキドキしていたとしても、声が堂々としていれば、あなたの緊張は悟られることはありません。

また、仮に、緊張で死んでしまいそうになっていたとしても、話し方が自信に満ち溢れていれば、あなた自身も「自信がある人」だと思われる可能性が非常に高いのです。

緊張しやすくて、人と話すのが苦手。自分の意見に自信がもてない。他人の気持ちの動きに敏感で、すぐに遠慮してしまう。

そういう繊細な人のためにこそ、「ポーカーボイス」は存在します。

自分の内面を変えようとするのではなく、一言でもいいから声を出して、自分の意見を他人に伝えられるようにする。

そこから、「自分の意見を伝えられた」という自信が生まれ、話すことへの苦手意識は緩和されていきます。

4th Round

クッション力《りょく》

そもそも相手の攻撃に

傷つかなくなる心を作ろう

クッションカとは何か

ここまでは「無力化力」「カウンター力」などの戦力となる武器を身につけていただきました。

しかし、**これらのスキルはいずれも相手からの攻撃に応戦するスキル**です。

相手に攻撃され心に傷を負うことを前提として生まれた、いわば「対症療法」です。

頭痛がすると頭痛薬を飲み、その薬では効かないから別の頭痛薬を飲む。そのうちに、胃も傷んできて、胃薬を飲み、効かないから別の胃薬を飲むみたいなイメージですね。

しかしこのままあちこち症状が出続けると、あなたはいつか壊れてしまいますよね。

では、そもそも相手からの攻撃に対して、攻撃を攻撃とも思わず、心に全く傷を受けない、痛みにもならないならどうでしょうか？

対症療法そのものが必要なくなります。

第4章は、**攻撃を受けたとしても、その攻撃に対して傷つかなくなる「メンタルクッション力」を身につけることが最終目標**です。

そうなるためには、まずあなた自身がなぜ傷つくメンタルをもってしまったのか？すでにできてしまった心の傷を癒やすにはどうしたらいいか？を考え、相手の言葉や態度に傷つかなくなるスキルを身につけることが大切になってきます。

最終章では、そもそも心に傷を負わなくなるメンタルクッション力の作り方について、段階をおって説明していきます。

被害者メンタルから抜け出して、傷つかなくなる方法について4つのステップでお伝えします。

1 セルフイメージを書き換える

これをお伝えするとショックを受ける方も多いのですが、皆さんにいい方向に変わっていただきたいという気持ちを込めて、あえて厳しいことをお伝えします。


どんな環境下でも攻撃されやすい人は、自分自身が自分のことを一番嫌っています。

能力が劣っているから、価値がないから、容姿が劣っているから、性格が悪いから。

そんな自分だから、何をやっても嫌われる。気持ちがわかってもらえない。人から目をつけられたり、攻撃されたり、理不尽な扱いを受けたりしても仕方がない。

そんな風に自分の存在価値を決めつけてしまっています。

そのようなセルフイメージをもち続けている限り、環境が変わって人間関係が変化しても、**あなたはあなたがもち続けているセルフイメージに沿った扱いを、周囲の人から受け続ける**

ことになります。

私自身は親から「鈍臭くて勉強や仕事の覚えが悪く、どこにいっても怒られるから、人の3倍努力して人並み」ということを言われ続けて育ちました。親は良かれと思って努力の大切さを諭すために言ったのでしょうが、私自身は文字通り受け取ってしまい、このセルフイメージ通りに失敗を繰り返し、人の3倍努力してようやく人並みという結果しか出せませんでした。

ここまで読み進めてきた頑張り屋さんの皆さん。

自分の能力を下げてしまうようなセルフイメージからそろそろ卒業しませんか？

セルフイメージは書き換えることができます。

自分の価値を見つめ直して、自分の価値を再発見、再定義することがスタートです。

自分の尊厳を踏みにじる振る舞いに対して、私はそんな理不尽に甘んじるような人間ではないと、まずは自分で気づくことがスタートになります。

・ハイパー・メンタルパフォーマー・チェックシート

自分のメンタルを常に向上させていくためには、自分について
・現状分析すること
・課題を書き出すこと
・理想のありたい自分をしっかりと定義しイメージできること
が大切です。

その時イメージが曖昧だと実現は難しくなります。

理想をイメージし、それを潜在意識に定着させるのが、このシート「ハイパー・メンタルパフォーマー・チェックシート」です。

【ワーク】「ハイパー・メンタルパフォーマー・チェックシート」

1、左側に今の状態を記入

左側に、今どんな問題があるのか？どんな状態なのか「声・行動・態度」「感情」「思考

パターン・考え方の癖」「身体感覚、身体が受け取る癖」「結果・効果」をそれぞれ書き込みます。

2、右側にどう変化させたいか、ありたい自分の未来や目標を記入します。

3、ポイント

(1)否定形ではなく肯定形で書く

潜在意識や脳は否定形が理解できません。例えば「緊張しないように」と書くと「緊張」がフォーカスされてしまいます。

(2)具体的に書く

具体的に書くことで何をどうすればいいか脳が理解し、行動の推進力になります。

(例)ゆったりと呼吸する→たっぷり10秒かけて息を吐く

(3)現在形、現在進行形で表現する。

潜在意識は時間の概念がありません。常に今のこととして受け取ります。

(例)上司から信頼されて、笑顔で仕事を任せてくれている。

テーマ（例）▶ 攻撃口調の上司の言葉を受け流して
恐怖支配の関係性から、対等な関係性に改善できている

	現状・課題・問題点 何が問題なのかを 書き出します。	変化後の目標やゴール、 どうなりたい、どうありたいか、 望ましい状態を書きます。 ①否定形ではなく肯定形で書く ②具体的に書く ③現在形、現在進行形で表現する
声 行動 態度	・ボソボソとこもった声 ・足が落ち着かずそわそわしている ・顔が固まって無表情	・通る声、1回で通じる大きな声で話している ・左目の黒目の光を見ることができている ・聞き返されても動じず落ち着いた声で ・「もう一度お伝えしますね」と話せている ・ゆっくりと間を入れて話している ・背筋がすっと伸びている ・笑顔で話している ・呼吸はゆったり繰り返している
感情	ドキドキ、不安、怖い、焦り	安心感、信頼感、落ち着いている、自信、 晴れやか、楽しんでいる、感謝
思考パターン 考え方の癖	・過去何度も失敗しているから また失敗するのではないか ・笑われるのではないか ・頭が真っ白、焦り	・うまくいくと確信している ・突然のアクシデントや、思いもかけない質問に 対しても、冷静に対応できている ・余計に怒ってきてもゆっくりとした口調で 問題点について再度聞き直している
身体感覚 体が受け取る サイン	・喉がしまった感じ ・口の中がカラカラ ・足が震える ・鳩尾あたりが痛い	・頭がクリアですっきりしている ・地に足がついている ・喉が開いて軽やかに声が出ている ・鎖骨が上がり、肩甲骨が引き下がっている感覚 ・口角が上がり、目元が笑っている感覚がある
結果 効果 得られるもの 失うもの	・相手からまた嫌味を言われている ・評価が下がる ・恐怖が増す ・会社を辞める	・前に感じていた恐怖が消えている ・仕事の結果が出せて信頼され、仕事を任される ・部下や後輩たちから尊敬されている

テーマ

	現状・課題・問題点 何が問題なのかを 書き出します。	変化後の目標やゴール、 どうなりたい、どうありたいか、 望ましい状態を書きます。 ①否定形ではなく肯定形で書く ②具体的に書く ③現在形、現在進行形で表現する
声 行動 態度		
感情		
思考パターン 考え方の癖		
身体感覚 体が受け取る サイン		
結果 効果 得られるもの 失うもの		

2 心の声を変え、過去と決着をつけて不安を取り除く

不安はあなたの生きるエネルギーや、冷静な判断力を奪う元凶です。

そもそも不安を感じなければ、攻撃してくる相手に対して無関心でいられます。

攻撃してくる相手に対して抱える不安。相手はあなたのその不安を敏感に察知して攻撃してくるということを先にお伝えしました。

この「不安気質」をなくすにはどうしたらいいのでしょうか？

それは**不安になった時に自分の心の中で流れる自分の声を変えてしまうこと**です。

名付けて「スネ夫ボイス」。

ドラえもんに出てくるキャラクター・スネ夫の声に変えてしまうのです。

・心の中に流れる自分の声を変えれば不安は消える

自分が一番聞いている人の声は実は「自分の声」です。

「今日も攻撃されたらどうしよう。攻撃されませんように」

「向こうから課長がやってきた。また嫌味を言ってくるだろうな。怖いな」

私たちは心の中で自分に向かって質問し、答えるという会話を繰り返しています。

そして、不安や恐怖の感情がより強くなっていきます。その結果、それが態度や言動にまで表れて、相手に攻撃のきっかけを与えてしまうのです。

つまり**不安を引き起こすのは心に浮かぶあなたの声**なのです。

「そんなことを言っても、自分の声は勝手に頭の中に思い浮かぶのだからしょうがない」

というあなた。

心の中で発したまさに今のセリフ。そのセリフを思い浮かべたことで、あなたは不安を感じたり、イライラしたりしませんでしたか？

「心の声」が「あなたの心を牛耳っている」ということが理解できるはずです。

ということは**「心の声」を変えたら、不安は消える、もしくは不安は軽減される可能性があること**にも気づいてほしいのです。

・ひとはなぜ自分の声が発した内容を信じてしまうのか？

答えは簡単です。それは自分の声だからです。

良いことも悪いこともすべて、自分の声だからこそ信じてしまうのです。

では、もしその声がスネ夫の声ならどうでしょうか？

あなたの心に影響を与えない声のキャラクターをイメージするのです。

子供の頃に見ていたドラえもんのキャラクターの中で、私はスネ夫が嫌いでした。ずる賢く、お金持ち自慢をし、ジャイアンの腰巾着で話す言葉が信用できませんでした。（映画に出てくるスネ夫やジャイアンはとてもいい奴で好きですが）

あなたがスネ夫が好きなら、ちがうキャラクターを選んでいただいて構いません。

【ワーク】心の声を加工する「スネ夫ボイス」ワーク

あなたが不安を感じる時に、頭の中に思い浮かぶセリフを文章にして書き出してください。

「昨日の契約がうまくいかなかったことを報告にいかなきゃ。またネチネチと嫌味を言われそうだ。何も答えられなかったらどうしよう」

「最悪だ、どうせまた何を言っても認められないし、揚げ足取りばかりされる」

自分の気持ちが下がってしまうセリフを、まずは10個ほど書き出してみてください。

その上で、その「心の声」に加工を施していきます。

自分の声でこれらセリフを聞くのと比べ、スネ夫の声で聞いても、不安をそれほど感じないのではないでしょうか。

このワークは、不安や恐怖や緊張などマイナスの感情が出てくるたびに試してみてください。

自分の声を聞いて自動的に不安になるという負のスパイラルから抜け出すことができます。

・過去と決着をつければ悪口は怖くなくなる

さらに、これまでの人生で言われたことのある、非難や悪口、嫌味などを書き出すワークをしていただきます。

否定的な言葉で言われてしまったこと。相手から拒否や拒絶をされてしまったこと。あなたは間違っていると面と向かって言われたこと。相手から誤解を受けてしまったこと。

上司から言われた言葉。会社の仲間や先輩、後輩から言われた言葉。友人知人から言われた言葉。親や学校の先生から言われた言葉。好きな人や恋人から言われた言葉。

自分の周りで起きた裏切りや陰口、批判や誤解、いじめや無視された経験、その時に言われた言葉。

軽く流せるものから、いつまでも心にこびりついているものまであるかと思います。その内容や重さは様々でしょう。

これらを書き出してみましょう。

1つ大切な注意点があります。書き出す時は当時の様子をありありと思い出してはいけません。その時に受けた心の傷をさらに悪化させる危険があります。

【ワーク】過去と決着をつける「映画スクリーン」ワーク

●イメージの仕方……映画のスクリーンをイメージする

あなたは白黒無声映画を見に映画館に来ました。

席に座り幕が上がるとスクリーンには攻撃してくる相手とあなたが映し出されています。

相手は何やらあなたを攻撃する言葉をしゃべっています。

無声映画なので音は出ず、画面下に字幕で表示されています。

その字幕の言葉に反応して、あなたは何か反応しています。ボソボソと何か弱々しく言い返しているかもしれません。

その言葉を字幕化してください

「ええっと、すみません」かもしれませんし、何も言えなくて黙り込んでいるかもしれません。そんな時は「……」。

字幕より漫画の吹き出しの方がイメージしやすければ、そちらでも構いません。

1、相手の攻撃言葉を書き出してみる

2、言い返す言葉を書き出す

これらの言葉を書き出したら、その時に言い返せなかったり、飲み込んでしまったりした言葉を書き出してみましょう。

3、声に出してみる

実際にその言い返したかった言葉を口に出す練習をしましょう。

多少、声が大きくなっても構いません。

その当時に言い返せなかった悔しい感情が癒されない限り、同じようなピンチの状況に陥るたびに、喉や舌が緊張して声が出なくなってしまいます。

4、スネ夫ボイスVSあなた

最後にもう一度、最初の架空の映画館に戻ります。

今度は、白黒無声映画ではなく、白黒画面はそのままでセリフには音をつけてください。

攻撃してくる相手の声を「スネ夫ボイス」にして、相手に悪口を言わせてみてください。

怖いという気持ちはかなり軽減されるかと思います。

あなたははっきりと相手に対して言いたいことを言い切ります。


このワークであなたは過去と決着をつけることができ、今後、同じような場面が現実に起きても「ああ、あの場面ね」と落ち着いて対処できるようになります。

3 犠牲者、被害者としての立場から対等な立場に戻す

言い返す言葉を学んでも、**「犠牲者」「被害者」というポジションにい続ける限り、言い返すことは難しくなります。**

「言った↓言われた」の関係性を定義づけしてしまうことで、脳は過去の「犠牲者」「被害者」として蓄積されてきたデータを検索しはじめて、言われっぱなしだった時の感情や感覚を、あなたの身体意識に再現してくるからです。

「喉がきゅっと詰まったような感じになって声が出しづらくなる」「みぞおちあたりが固くなって、呼吸が浅くなってドキドキし始める」「重心が上がって地に足がつかなくなり、ソワソワし始める」。こんな経験はありませんか？

このような身体感覚のまま、本書で学んだ言葉を口にしようと思っても、何も言えないい

つものパターンを踏襲してしまうのです。

【ワーク】対等な立場に戻す「幽体離脱」ワーク

嫌なことを言われた、嫌味を言われた、攻撃されたと感じたら、言葉をこんなふうに変換する癖をつけましょう。

（例）

①上司から「仕事遅いね、まだかかるの？早くしてね」と言われて、自分の仕事の遅さを指摘されたような気がした。

その言葉を聞いて私は傷つけられた。

←

②ウダツの上がらない中年40歳男が私に対して「仕事遅いね、まだかかるの？早くしてね」という言葉を発した。

それに対して私はその男に「はい。まだかかりそうです。早くできるよう頑張ります。お気遣いありがとうございます」と丁寧に伝えた。

①の文章を見てみると、あなたを被害者、犠牲者の立場に引きずりこむワード（横線を付している言葉）がたくさんあることに気づきますでしょうか？

それに対して、②の文例を見ると、加害者と被害者の関係性をあまり感じないのではないでしょうか？

ポイントは徹底的に自分視点で物事を見ること。

幽体離脱しているイメージで、2人の会話を空から第三者視点で観察し、抽象化して表現してみることです。

攻撃を受けるとつい①の思考や言葉で、目の前で起こった出来事を認識してしまいます。相手が自分を攻撃した。私は攻撃されたというストーリーが展開します。

上司から嫌味を言われたら、オートマチックに自分は相手から攻撃された、嫌味を言われたと思いがちです。しかし、実は潜在意識下で、相手はこんな嫌味なことを言うに違いない人だと決定していて、その通りの現実が引き起こされたに過ぎないのです。

この思考が強すぎると、どうせ何を言い返してもわかってもらえない。自己主張したところで、どうせ相手にはわかってもらえない。と思って生きていくことになります。

そして、そのような思いは相手にすぐに伝わってしまいます。

「はいはい、わかり合えないと思っているのですね。それなら遠慮なく攻撃させてもらいますよ！」と相手はあなたが抱く思いを受け取り、攻撃は止まらなくなるのです。

そうなってしまうと、あなたは自分を正当化するために「やっぱりわかり合うなんて無理なんだ。自分の予感は当たったんだ」という思考の堂々巡りとなるのです。

あなたと攻撃してくる相手は同じ人間です。人としての価値は対等なはずです。

言われて不快なことに対しては、拒否してもいいのです。言い返したくなったら言い返していいのです。

言い返すことで自分への信頼度も高まると同時に、相手に言いたいことを言って相手もそれを理解したら、それは相手への信頼度が高まることにもつながります。

その繰り返しの中で、あなたの周りから敵がいなくなります。

4 1人で抱え込まず、人に頼ってもいい自分を作る

自分を守るスキルを身につけることは、攻撃されないために必要です。

しかし、**何でも1人で頑張りすぎないことも大切**です。日常生活の中で味方になってくれる人、話を聞いてくれる人を作っておきましょう。

私も辛いなと思う時は、相談できる人に話を聞いてもらうようにしています。

以前は、大人なのだから全て自分の中で解決し、完結させないとダメだ！という気持ちが強く働きすぎて、孤独感や自己否定感でいっぱいでした。

しかし話を聞いてくれたり、自分の思いを発信し共感してもらえたりする場をもてたことで、気持ちがとても楽になりました。

私の場合は、高校生の時から通っている鍼の先生やカウンセラーに相談したり、起業家の

仲間に聞いてもらったりするようにしています。

様々な立場にいる方と話をすることで、いろんな価値観に触れることができます。

できればその相手や、言いたいことを気楽に言える場は複数作っておきましょう。

選択肢を多くもっておくことで、気持ちはより楽になります。

私は過去に助けてくださった方、相談に乗ってくださった方の顔を思い浮かべながら、その方々の名前を1人1人リストアップするようにしています。

その方々から受けたアドバイスや、その際に言ってくれた私の長所、改善点なども合わせて書き出すようにしています。

その際に、相手がどんな表情、声で語りかけてくれたか、自分が抱いた感情、そこから学んだことも思い出しながら書き出していきます。

それがメールや手紙の場合は、写真を撮って見返せるようにしています。

すると、**自分の考えが凝り固まっていることに気づいたり、一面しか見えていなかったものが多面的に見られるようになったりして、問題が解決することもあります。**

【ワーク】1人で抱え込まない「フィードバックまとめ」ワーク

仕事上の関係者（上司、同僚、仲間その他）、プライベートの関係者（友人、家族、仲間、親戚、その他つながりのある人）からもらったアドバイスや、自分のいいところを書き出してみましょう。

相手からメッセージをもらった時の感情を思い出しながら、その際に彼らがどんな表情や、声だったかも思い出しながら書き出してみましょう。

例は、私の事例から書き出したものです。参考にしていただけたら幸いです。

（例）上司からのメッセージ

□状況

自分のミスによってシステムトラブル発生。関係者へ上司と一緒に謝罪行脚。

□表情・声

最初は厳しくきつい口調で叱られたが、その後は温かい声で「大丈夫、大丈夫、いくらでも頭下げてあげるよー」と終始励ましてくれ、一緒に関係先に謝罪。

□メッセージ

「今回のミスは単純なミス。そこは反省してほしい。ただ、今の手順書だとまた同じトラブルが起きる可能性がある。改善点が発見できたのはよかった。何より頭がパニックになっている中、逃げずに対応してくれたこと、本当にありがとう。俺なら逃げてたよ！　お疲れ様！」

□その体験から学んだこと

当時は後悔と反省で頭がパニックになったが、隣で励ましてくれた上司のおかげで被害もほとんどなく済んだ。逃げずに真摯に対応することが大切。そういった姿勢を見せたことで上司から労いの言葉をもらえた。パニックになった時は、今その場でできる最大限のことをするしかないこと、同じ失敗を繰り返さないための対策をすぐにおこなうことも学べた。

おわりに

Epilogue

最後まで読んでいただきありがとうございます。

本書を手に取ってくださった方の多くは、人と言い争ったり、議論したりすることが嫌いなタイプの方なのではないでしょうか？

私自身、相手と言い争ったり自分の意見や気持ちを表明したりすることに苦手意識をもつタイプです。できれば波風立てず穏やかに暮らしたいです。

そんな自分ですから、何かカチンとくることを言われても、自分が我慢すればいいと思って、何も言い返せないままその場をやり過ごしてきました。

ただ、あきらかな悪意をもってきつい言葉を放ってくる人や、こちらに非がなくても大声を張り上げて責任をなすりつけてくる人もいて、そんなときは、あまりに悔しくて、腹立たしくて、夜中に目が覚めてノートに相手への罵詈雑言を書き殴ったこともあります。

歩いていると相手の言葉が突然頭に思い浮かんできて止まらなくなって、気持ち悪くなってトイレに駆け込むこともありました。

言い返せない原因を考えたときに、根底にあったのが、自己否定感でした。

自分がちゃんとしていないからと、常に自分を責めている自分がいました。

相手を無視したり、距離を置いたりして事態を打開しようとした時期もありました。

しかし場所が変われば同じことが繰り返され、攻撃されることが続きました。


悩み苦しむ中で、自分の中に何か欠けているものがあって、その何かを手に入れない限りは本質的な解決には至らないという結論に達しました。

その何かの正体は「したたかさ」でした。

人間社会は思っているよりも残酷な側面をもっています。

その中で生き抜くには多少の「したたかさ」が必要です。つまり「強さ」です。

本書は、メンタルの弱さはそのままでも、得たい未来が得られる「強さ」を身につけるための手順を示しました。

ありのままの優しい心根のままでも、無理なく使えるメソッドが「ポーカーボイス&トークメソッド」です。

最後に一番訴えたいことは、何でもかんでも自分が悪いと思い込まなくてもいいよということです。

あなたには、攻撃を受け続けてきたからこそ、人の痛みがわかり、自分の弱さも知り、それに向き合って乗り越えようとする強さがあります。

誠実で真面目で心根の優しい方たちが損をしてほしくない。自分を責めてほしくない。そんな強い気持ちから本書を書きました。

編集の岩川さんには大変お世話になりました。感謝しています。また楽しい本を一緒につくりましょう。

本書通じて読者の皆様の悩みやストレスが少しでも軽減されれば、こんなに嬉しいことはありません。

感謝を込めて

2023年4月　司　拓也

Thank you!

本書をお読みくださったあなたへ
感謝の気持ちを込めた「プレゼント」のご案内

本書をお読みくださったあなたへ
私、司 拓也より、感謝の気持ちを込めて
プレゼントをご用意いたしました。
ぜひ、ご活用ください。

プレゼント内容

1 本書に未収録の秘密の原稿 PDF
言い返す言葉が思い浮かばない人のための
「言い返し言葉作成テンプレート」

2 本書で紹介するメソッドをさらに
実践的に使えるようになる動画レッスン

3 本書の内容を司 拓也から直接学べる!
「読書会参加権」 こちらは期間限定の特典となります

Check!! こちらからお申し込みください。

URL https://tsukasataku.com/lp/tokuten-pal-pub/

※特典の配布は予告なく終了することがございます。予めご了承ください。
※PDF、動画はインターネット上のみでの配信になります。予めご了承ください。
※このプレゼント企画は、司拓也が実施するものです。
プレゼント企画に関するお問い合わせは「tsukasamail1@gmail.com」までお願いいたします。

著者紹介

司 拓也（つかさ・たくや）

ボイスメンタルトレーナー。声と話し方の学校「ボイス・オブ・フロンティア」代表。日本話す声プロボイストレーナー協会代表。

一般の方から、上場企業のエグゼクティブ、トップ俳優、声優、アナウンサー、議員、就活生など１万人以上の声と話し方の悩みを解決。メルマガの読者は２万人にのぼる。

会社員時代、上司や顧客からの理不尽な依頼や要求に対し、断れない、言われっぱなしで追い込まれる状況を何度も経験、鬱状態になる。その危機感からコミュニケーションを研究。相手を怒らせることなく自分の言いたいことが言え、自分の心も強くなる「ポーカーボイス＆トークメソッド」を開発。過去の自分と同じ悩みを抱える人向けにワークショップ等を開催し、好評を博する。

著書は『繊細すぎる人のための自分を守る声の出し方』（朝日新聞出版）、『驚くほど声がよくなる！瞬間声トレ』（大和書房）、『99％の人が知らない「話し方」のコツ』（総合法令出版）など多数あり、累計16万部突破。

ウェブサイト：https://tsukasataku.com/
お問い合わせ：tsukasamail1@gmail.com

自分《じぶん》を守《まも》るためにちょっとだけ言《い》い返《かえ》せるようになる本《ほん》
声《こえ》とココロの取扱説明書《とりあつかいせつめいしょ》

2023年６月７日　初版発行

著　者　司《つかさ》　拓《たく》　也《や》
発行者　和　田　智　明
発行所　株式会社　ぱる出版

〒160-0011　東京都新宿区若葉 1-9-16
03(3353)2835—代表　03(3353)2826—FAX
03(3353)3679—編集
振替　東京 00100-3-131586
印刷・製本　中央精版印刷（株）

ISBN978-4-8272-1396-6 C0030